Der Australian Shepherd

Der Australian Shepherd

von Angela Seidel

CADMOS
HUNDEBÜCHER

Gestaltung: Ravenstein & Partner, Verden
Titelfoto: Eva-Maria Krämer

Druck: Westermann Druck Zwickau

Printed in Germany

ISBN 3-86127-739-2

Für Jörg und – wie immer –
für die haarigen Jungs mit den guten Nasen...

Vorwort

Lernt eifrig und intelligent, sehr aktiv und fordernd - mit dem Hang, seinem Menschen vorauszudenken, voller „Hundehumor" und oft ein Clown, aber auch sensibel, manchmal gar empfindlich: Der Australian Shepherd ist kein einfacher Hund.
Aus diesem Grunde ist hier kein gewöhnliches Rasseportrait entstanden, sondern vielmehr ein Handbuch besonders für Anfänger in der Hundehaltung, im Hundetraining und zugleich ein Buch, daß jederzeit zur Hand genommen werden kann, um Antworten auf alle gängigen Fragen rund um den Aussie zu geben.
Versucht wurde, einen Schwerpunkt besonders auf die entscheidende Frage für den Aussie zu geben: „Was und wie kann dieser Hund noch lernen?"
Ich hoffe, hier besonders Anfängern in der Hundeausbildung einen kleinen „Schubs in Richtung Ehrgeiz" zu geben. (Ich warte schließlich immer noch auf den Anruf, der mir verkündet, es habe jetzt doch ein Aussie lesen gelernt.)
Und noch ein Appell: Wann immer Ihr Eure Hunde trainiert, habt Spaß; wenn etwas nicht so klappt, habt Spaß. Seht Eure Hunde an und lacht mit ihnen. Das Leben ist ernst genug.

Angela Seidel im Mai 1999

Geschichte und Ursprung des Australian Shepherd

Trotz seines Namens „Australian" stammt der Australian Shepherd aus den Vereinigten Staaten. Vor der Entdeckung des amerikanischen Kontinentes durch die Europäer waren dort nur einige Hunderassen beheimatet. Dies ist durch Knochenfunde bei Ausgrabungen belegt. Im Norden gab es die kräftigen Schlittenhunde der Eskimos. Weiter im Süden die wolfsähnlichen Indianerhunde. Sie dienten als Zugtiere für Schleppschlitten, bewachten die Lager und wurden zur Jagd mitgenommen. Sie waren oft von bunter Fellzeichnung oder stichelhaarig.

Als die weißen Siedler kamen, brachten sie auch ihre Hunde mit. Die Indianerhunde verschwanden. Und die Geschichte des Australian Shepherds begann. Wie er entstand, kann nur vermutet werden, es gibt keine Aufzeichnungen, doch seine Geschichte ist eng verbunden mit der Besiedelung des amerikanischen Westens - und Australiens.

Allein während der großen Hungersnot von 1845/46 in Irland wanderte z.B. rund eine Million Iren nach Australien und Nordamerika aus. Mit ihnen gingen sicher auch zahllose „farm collies", die Vorläufer der heutigen Border Collies.

Aus Spanien und dem Baskenland wurden Ende des 19. und zu Beginn des 20. Jahrhunderts Merino-Schafe nach Australien exportiert und von dort später nach Amerika geholt. Mit den Schafen gingen jedesmal die spanischen Schäfer mit ihren Hunden. Nach Australien dürften Hunde ähnlich dem heutigen Pyrenäen- Schäferhund mitgenommen worden sein. Das

Vorkommen der natürlichen Stummelrute beim Aussie und beim Berger des Pyrénées ist ein Indiz dafür. In Australien war vermutlich auch der Australian Cattledog - auch Queensland oder Blue Heeler genannt - an der Entstehung des Australian Shepherd beteiligt.

Diese Rasse entstand wiederum aus dem australischen Kelpie, der aus schottischen Collies gezüchtet wurde, hat u.a. auch Dalmatiner unter seinen Ahnen und wohl noch einige andere Rassen.

Weil sie ihm im Aussehen und im Charakter sehr ähnlich sind, wird heute angenommen, daß noch zwei weitere alte Hütehundrassen eingekreuzt wurden: der Old Welsh Bobtail aus Wales, der ebenfalls vom Pyrenäen-Schäferhund abstammen soll, und der German Collie aus New South Wales.

Als die baskischen Schäfer mit ihren Hunden in Amerika ankamen, fielen ihre „little blue dogs“ zum erstenmal auf. Sie waren in der Lage, die Herden in der Weite des Westens zusammenzuhalten und zu beschützen. Sie waren auffallend gelehrig und ihrem Herrn treu ergeben, doch sie waren auch unabhängig und „hatten Verstand genug, um beinahe in jeder Situation auf sich selbst zu achten“, wie es Jeanne

Australian Shepherd und Border Collie haben gemeinsame Vorfahren und beide die gleiche Leidenschaft zur Team-Arbeit mit Menschen. Foto: U. Schanz

Seine oft strahlend blauen, oder fast wasserklaren Augen brachten dem Australian Shepherd den Indianernamen „der mit den Geisteraugen“. Foto: K. Vollberg

Joy Hartnagle-Taylor in ihrem Standardwerk über den Aussie beschreibt. Sie notiert weiter, daß diese Hunde zu Anfang des Jahrhunderts auf den Westen und Nordwesten der USA konzentriert waren, und daß der Hundetyp jeder Region anders war. In den Staaten Oregon, Idaho, Colorado und Washington waren die Hunde etwas schmaler und kompakter als jene, die entlang der Westküste von Kalifornien gehalten wurden.

Nach einer Legende waren die Hunde den Indianern heilig, wegen ihrer ungewöhnlichen, oft blauen Augen. Sie wurden „die mit den Geisteraugen“ (ghost-eyed ones) genannt und in Ruhe gelassen (ebenso wie ihre Besitzer).

Die Amerikaner machten es sich einfacher: Die Merino-Schafe waren für sie Australian Sheep. So nannten sie die Hunde: Australian Shepherd. Und dieser Name ist ihnen bis heute geblieben.

Die Zucht in Nordamerika war anfangs rein leistungsorientiert. Das Aussehen interessierte niemanden. Verpaart wurden nur Hunde, die einen starken Hütetrieb zeigten, zäh, flink und ausdauernd waren. So entstand eine Hunderasse, die führig, gelehrig und verträglich war, außerdem unabhängig und selbstsicher im Umgang mit Vieh.

Unermüdlich und mit enger Bindung zum Schäfer arbeiteten diese Hunde an den Schaf- und Rinderherden des amerikanischen Westens.

Populär wurden Australian Shepherd erst, als in den 50er und 60er Jahren Jay Sisler aus Emmett, Idaho, mit seinen „trick-dogs“ bei Rodeo-Shows in ganz Amerika Aufsehen erregte. Seine Hunde beherrschten so unglaubliche Tricks wie auf den Hinterbeinen stehend auf Stangen balancieren, Seilspringen, Leitern hinaufklettern und vieles mehr. Sie traten auch in mehreren Filmen auf, wie „Run Appaloosa Run“ und Disney's „STUB - The Greatest Cowdog in the West“.

Jay Sislers Blue Merle Rüde Shorty (1948 - 1959) war nicht nur ein beeindruckender „trick-dog“; Nachkommen von ihm wurden die Gründer der bekanntesten amerikanischen Zuchtlinien.

Die Entwicklung der Zucht, die Vereine

Als Jay Sisler mit seinen „bunten Hunden“ die Menschen anzog, gab es bereits ein kleines Netzwerk engagierter Aussie-Freunde, die 1957 den Australian Shepherd Club of Amerca (ASCA) gründeten. In Zusammenarbeit mit dem International English Shepherd Registry (IESR), auch bekannt als National Stock Dog Registry, begann nun die offizielle Registrierung der Hunde.

Weitere Zuchtvereine gründeten sich. 1966 entstand in Kalifornien die International Australian Shepherd Association (IASA), die sich 1980 mit der ASCA zusammenschloß.

Das macht den ASCA zu einem Einzelrasseclub mit inzwischen fast 100.000 Eintragungen. Seinen Rassestandard für den Australian Shepherd beschloß der ASCA erst im Januar 1977, nach zwei Jahren Debatte.

Die zweite zuchtbuchführende Organisation in Nordamerika ist der „American Kennel Club“ (AKC). Dieser Zucht-Dachverband für alle Rassen eröffnete 1991 sein Zuchtbuch für den Australian Shepherd. Der Rassestandart des ASCA wurde leicht verändert übernommen und trat 1993 in Kraft.

Eine doppelte Registrierung in AKC und ASCA ist in Nordamerika möglich und bisweilen notwendig. Beide Clubs stellen bei ihren Gehorsams- und Arbeitsprüfungen oder Schönheitswettbewerben unterschiedliche Anforderungen, daher gelten dort erworbene Titel nur für Australian

Friekos's Red Buster Floyd („Busty") wurde 1997 Österr. Champion (FCI). Foto: K. Vollberg

Shepherd, die beim jeweiligen Club eingetragen sind. Der Welt-Dachverband für Hundezucht, die „Fédération Cynologique Internationale" (F.C.I.), erkannte den Australian Shepherd 1996 als Rasse an. Vertragspartner der F.C.I. war hierfür der American Kennel Club.

In Deutschland gründete sich 1988 der Australian Shepherd Club Deutschland e.V. (ASCD), der sich dem ASCA direkt anschloß, nicht aber dem Verband für das Deutsche Hundewesen (VDH), dem nationalen Vertreter des FCI. Damit wird es für deutsche Freunde des Aussie etwas kompliziert.

Die Hunde vom ASCD erhalten ihre Papiere direkt aus Amerika, aber kein in Deutschland lebender Aussie-Besitzer kann seinen beim ASCA registrierten Hund auch beim AKC aufnehmen lassen. Der Verband für das Deutsche Hundewesen erkennt ASCA-Papiere aber nur nach einer Bestätigung durch den AKC an.

Nur ein Australian Shepherd, der ein Export-Pedigree vom AKC vorlegen kann, wird beim VDH mit all seinen Vorfahren registriert. Hunde ohne dieses Papier registriert der VDH nur allein, ohne ihren so wichtigen Stammbaum.

Der zweite deutsche Verein, die Australian Shepherd Association Germany (ASAG), der vor allem Agility-, Gehorsams- und Hüteseminare anbietet, ist weder dem VDH noch dem ASAC angeschlossen.

Die Adressen der einzelnen Verbände sind im Anhang aufgeführt.

Einiges über den Standard

Ein typischer Hündinnenkopf: „Heatherhill Cinderella" wurde im Mai '97 beste Hündin der Conformation-Show des ASCD. Foto: K. Vollberg

Ein Rasse- oder Zuchtstandard ist die Festschreibung des Idealbildes einer Hunderasse im Hinblick auf die äußere Erscheinung, seine körperlichen Merkmale und sein Wesen.

Der Standard trägt zur Vereinheitlichung eines Rassebildes bei. Doch er ist kein Dogma, sondern mehr eine Richtlinie für Züchter und Richter, die gewisse Interpretationen zuläßt, solange keine zuchtausschließenden Fehler auftreten.

Der Standard des ASCA sagt über das allgemeine Erscheinungsbild des Australian Shepherd:

„Der Australian Shepherd ist ein gut ausgewogener Hund von durchschnittlicher Größe und Knochenbau.

Er ist aufmerksam und lebhaft, zeigt Kraft und Ausdauer kombiniert mit außergewöhnlicher Beweglichkeit. Etwas länger als hoch hat er ein Fell von moderater Länge und Beschaffenheit mit einer

Färbung, die in ihrer Vielfältigkeit jedem Exemplar seine eigene Individualität verleiht."

Der Charakter

Der Australian Shepherd ist intelligent und in erster Linie ein Arbeitshund mit ausgeprägten Hüte- und Beschützerinstinkten.

Er ist ein außergewöhnlicher Begleiter. Er ist vielseitig und leicht auszubilden und erfüllt seine Aufgaben mit viel Stil und Enthusiasmus.Er ist reserviert gegenüber Fremden, aber darf sich nie scheu zeigen. Trotz seiner recht aggressiven, durchsetzungskräftigen Arbeitsweise ist Bösartigkeit gegen andere Menschen und Tiere nicht tolerierbar.

Der Kopf

Erwünscht ist ein vollständiges Scherengebis, d.h. die Zähne des Oberkiefers greifen scherenartig über die des Unterkiefers. Herabhängende Lefzen sind beim Aussie nicht erwünscht, der Kopf soll frei von lockerer, überflüssiger Haut und Fettpolstern sein. Die Ohren des Aussies haben dann die korrekte Länge, wenn sie mit dem inneren Augenwinkel abschließen. Die Ohren sind dreieckig und hoch angesetzt. Als Fehler gelten seitlich herabhängende und tief angesetzte Ohren.

Die Augen des Aussies sind aufmerksam, klar, mandelförmig und schräg gestellt. Die Farbe ist Braun, Blau, Amber oder irgendeine Variation oder Kombination einschließlich Sprenkelungen oder Marmorierungen.

Ein Rüde hat deutlich mehr Mähne und Halskrause als eine Hündin. Erst mit drei Jahren etwa ist sein Haarkleid voll entwickelt. Foto: K. Vollberg

Der Körper

Der Körper ist fest und muskulös, die Rückenlinie im Stand gerade. Der Brustkorb ist tief und kräftig, die Bauchlinie zur Lende hin leicht aufgezogen. Die Kruppe ist leicht abfallend. Die Beine sind gerade und kraftvoll, die Fesseln kurz, dick und kräftig. Vor- und Hinterhand sind etwa zu 45° gewinkelt und gut gestellt.

Die Bewegung

Vorder- und Hinterbeine bewegen sich parallel zur Mittellinie des Körpers. Die Bewegung ist raumgreifend, glatt, frei und leicht.

Haarkleid und Fellfarben

Das Haarkleid des Aussies ist glatt bis leicht gewellt von gemäßigter Länge, mit Unterwolle, deren Qualität mit dem Klima variiert. Die Rückseiten der Vorderbeine sind mäßig befedert; die „Reithosen" der Hinterbeine mäßig voll. Es gibt eine mäßige Mähne und Halskrause; deutlich mehr bei Rüden als bei Hündinnen. Untypisches Fell ist ein schwerer Fehler.

Eine Vielzahl von Fellfarben ist zulässig. Unterschieden werden:

Solid Black: ein einfarbig schwarzer Hund.

Black Bi: ein schwarzer Aussie mit weißer Markung.

Black Tri: ein schwarzer Aussie mit weißer Markierung und zusätzlichen braunen bis kupferfarbigen Abzeichen über den Augen, an den Seiten des Fangs, sowie an den Läufen und in der „Hose" , dem Behang an den Hinterbeinen.

Die selben Abstufungen gelten für den mahagonie- bis tiefbraunen Aussies. Dieser Farbschlag wird als Red (liver) bezeichnet.

Solid Red ist ein einfarbig brauner Hund.

Red Bi: ein einfarbig brauner Aussie mit weißen Markierungen.

Red Tri: ein einfarbig brauner Aussie mit weißer Markierung und kupferfarbenen Abzeichen wie beim Black Tri. Die weiße Markierung des Australian Shepherd ist im Gesicht, an den Läufen, Hals, Bauch und Brust mehr oder weniger ausgeprägt zu finden. Eine weiße Halskrause darf nicht über den Widerrist des Hundes hinausgehen. Generell sind weiße Flecken am Körper des Hundes außer an den oben angegebenen Stellen nicht erwünscht und führen auf einer Ausstellung zur Disqualifikation des Hundes. Rosa Flecken auf dem Nasenschwamm des Hundes sind bis zu einem Alter von einem Jahr kein Fehler. Eine komplett nicht pigmentierte Nase („dudly nose") führt jedoch zur Disqualifikation im Ausstellungsring und ist nicht erwünscht. Die Pigmentierung von Lefzen, Augenlidern und dem Nasenschwamm muß der Fellfarbe angepaßt sein. Die Farbe der Augen ist von der Fellfarbe und dem Pigment des jeweiligen Hundes abhängig.

Die Merle-Farbschläge beim Australian Shepherd

Viele Aussies erscheinen in einer gescheckten, gesprenkelten oder marmorisierten Fellfärbung mit oder ohne weiße

Drei Hündinnen in drei typischen Aussie-Farben - vorn: „Flame", 10 Monate, Red-Tri, dahinter ihre Mutter „Paula", 3 J., Black-Tri und links „Josy", 1 J. Blue Merle.

Foto: K. Rutschek

und kupferfarbige Markierungen. Verantwortlich für diese Fellfärbung ist das sogenannte Merle-Gen. Dieses Gen ist dominant (überlegen) über das Gen zur einheitlichen Farbverteilung – das beispielsweise Solid Black oder Black Bi erzeugt. Das Merle Gen bewirkt eine Verwaschung bzw. Verdünnung der Grundfarbe des Hundes und der Hund erscheint marmorisiert – eben merle.

Beim Aussie wird in Blue Merle – der Hund ist schwarz gefleckt mit Sprenkelungen von silberfarbigem oder weißem Haar – und Red Merle – der Hund hat dunkel mahaginoiefarbige bis hellrote Flecken mit Sprenkelungen von weißen oder beigefarbigen Haaren – unterschieden.

So sehr merlefarbene Aussies auch geschätzt werden, das Gen ist nicht unproblematisch. Tatsache ist, daß bei einer Verpaarung von zwei Merle-Tieren mindestens einer von vier daraus resultierenden Welpen fast oder ganz weiß ist, und wegen der außerdem damit verbundenen körperlichen Mängel (Blindheit, Taubheit) getötet werden muß. In Amerika wird deshalb dringend von einer Verpaarung von Merle-Tieren abgeraten, in Deutschland ist sie verboten. Das endgültige Deckhaar kommt übrigens, wenn der Aussie etwa ein Jahr alt ist; voll entwickelt ist das Haarkleid aber oft erst, wenn der Hund drei Jahre alt ist.

Die bevorzugte Schulterhöhe für Rüden ist 51 bis 58,5 cm und für Hündinnen 46 bis 54 cm, wobei das Gewicht zwischen 19 und 28 kg liegt.

Ein Rüde soll von kräftiger Statur, eine Hündin eher zierlich sein. Der Standard des AKC unterscheidet sich nur wenig von dem des ASCA. Er toleriert allerdings ein Zangengebiß, was vom ASCA als Fehler angesehen wird. Übrigens fordern beide Standards einen natürlichen oder kupierten Stummelschwanz beim Hund - ein Eingriff, der nach dem deutschen Tierschutzgesetz seit 1998 verboten ist.

Bis jetzt (Stand: Mai 99) wurde darauf von den US-Verbänden nicht offiziell reagiert, aber Hunde mit langem Schwanz werden auch nicht von Wettbewerben ausgeschlossen.

Soll es ein Aussie sein?

Ein Hund mit Ansprüchen

Vor der Wahl eines Australian Shepherd als Begleiter für die nächsten 15 Jahre sollte sich jeder zukünftige Aussie-Besitzer über die Ansprüche dieser intelligenten und liebenswerten Rasse im klaren sein. Der Aussie ist ein Hund, der sich eng an sein Menschenrudel anschließt. Er benötigt und wünscht den häufigen, möglichst ständigen Kontakt zur Familie. Dieser enge Kontakt ist zwar die Grundvoraussetzung für die Haltung eines Autralian Shepherd – aber bei weitem nicht alles.

Der Shepherd ist ein Arbeitshund „par exellence“ . Ursprünglich gezüchtet für das rauhe Leben der Schäfer in Nordamerika, trägt er dieses Erbgut auch weiterhin in sich. Der Aussie möchte gefordert werden. Dieser Hund benötigt, um sich als vollwertiges Rudelmitglied zu fühlen, eine

Bei allen Sportarten, bei denen es auf Schnelligkeit und Wendigkeit ankommt, ist der Australian Shepherd immer Favorit.

Foto: K. Vollberg

Aufgabe, die er gemeinsam mit seinem Partner Mensch ausführen darf.

Diese „Arbeit“ kann für den Hund einen sehr vielseitigen Charakter haben. Alle Sportarten, bei denen es auf Wendigkeit und Schnelligkeit ankommt, sind ein ausgezeichnetes Betätigungsfeld für den Aussie. Der Teamsport Agility beispielsweise, oder Flyball, Frisbee, Fährtenarbeit, Hütewettbewerbe aber auch Obedience.

In den angelsächsischen Ländern werden Australian Shepherd seit langem erfolgreich als Dienst- und Rettungshunde eingesetzt, als Blindenführhunde, Behindertenhelfer oder Therapiehunde, und wenn in den USA ein Rodeo-Clown mit einem Hund als Partner auftritt, dann ist es bestimmt ein Aussie.

Das ideale Zuhause für den Aussie ist also in einer Familie, die die Möglichkeit hat, den Hund sooft wie möglich an ihren Aktivitäten teilhaben zu lassen und ihn beschäftigt, oder gewillt ist, für das Leben mit diesem Hund neue sportliche Betätigungsfelder zu suchen. Auch im normalen Alltagsleben gibt es für einen Aussie jede Menge zu tun. Er beschützt sein Menschenrudel, was er übrigens auch unterwegs tut, bewacht Haus und Garten, und geht mit Begeisterung an jede ihm gestellte Aufgabe: den Kindern vergessenes Spielzeug hinterhertragen, das Handy zu Frauchen in den Garten bringen, als Bote die Schlüssel vom Auto holen, und vieles mehr. Der Phantasie, den Lernwillen und die Intelligenz des Aussie auszunutzen, sind dabei wenig Grenzen gesetzt. So kann der Aussie z.B. lernen Gegenstände auseinanderzuhalten und den gewünschten im richtigen Moment auf Zuruf zu bringen. (Wie nützlich ist ein Hund, der einen Hammer suchen kann, wenn das Haus renoviert wird...). Wichtig für den Hund ist: Spaß, Spaß, Spaß und das Gefühl, daß er etwas für seinen Menschen getan hat.

Bekommt dieser Hund in seinem Zuhause nicht die Aufmerksamkeit, die ihm zuteil werden sollte, wird er sich seine

Wer ist schneller, der Hund oder der Ball? Egal, Aussie „Robin“ hat jedenfalls einen Heidenspaß bei diesem Spiel mit Freunden.

Foto: K. Vollberg

eigenen Betätigungsfelder suchen. Ein unterforderter und nicht beschäftigter Aussie kann und wird Verhaltensweisen zeigen, die vage Ähnlichkeit mit einem „Elefanten in einem Porzellanladen" haben können. Der Hund scheut dabei nicht davor zurück, eine Türzarge fachgerecht zu zerlegen, Kleidung und Einrichtungsgegenstände zu zerfetzen oder, so er denn die Gelegenheit dazu bekommt – zu wildern.

Zusätzlich zu einem konsequenten, täglichen kurzen Training braucht der Australian Shepherd die Möglichkeit, seinen Bewegungsdrang auszuleben. Ein sicher eingezäuntes Grundstück, auf dem er sich frei bewegen kann, reicht nicht aus. Es müssen zusätzlich Spaziergänge oder Fahrradtouren von drei bis sechs Kilometern täglich sein, damit er sich richtig wohl fühlt. Der Aussie ist also kein Hund für eine kleine Stadtwohnung und/oder Menschen, die ihre Freizeit am liebsten vor einem Bildschirm verbringen. Im Training benötigt der Australian Shepherd eine konsequente, faire Behandlung. Für ihn ist unverständliches Training ein Grund, seinem Arbeitseifer eine andere Richtungen zu geben.

Das Resultat ist dann ein unmotivierter und gelangweilter Hund und ein unzufriedener, ständig nörgelnder Aussie-Besitzer. Der Aussie in den richtigen Händen ist ein hochmotivierter, fröhlicher Hund mit dem breiten bekannten „und was machen wir jetzt"-Lachen im Gesicht. In den falschen Händen und unverstanden wird der Aussie unter Umständen zu einer Belastung für die gesamte Familie.

So werden Freunde der Familie am Gartentor begrüßt...
Foto: K. Vollberg

... und so werden unerwünschte Besucher am Zaun gestoppt.
Foto: K. Vollberg

Checkliste vor einer Entscheidung

Sich für einen Hund zu begeistern, den man vielleicht auf einer Hundeshow voll in „action“ erlebt hat, ist eine Sache, mit ihm die nächsten 15 Jahre zu leben eine andere. Und weil alles, was langwierige Auswirkungen auf das eigene Leben hat, gründlich überdacht sein sollte, hier noch ein paar Fragen, die helfen sollen, herauszufinden, ob der Aussie wirklich in die eigene Familie paßt.

Grundsätzliche Überlegungen, bevor irgendein Hund ins Haus kommt:

· Sind Sie überzeugt, daß sich an Ihrem Lebensumfeld in den nächsten 15 Jahren nichts Wesentliches ändern wird?

· Ist die ganze Familie gewillt, das Leben mit einem Hund zu teilen und sich auf ihn einzustellen?

· Sind Sauberkeit und ein gepflegtes Heim für Sie zwar selbstverständlich, aber doch eher nebensächlich, nach dem Motto: „Wir haben Teller, bei uns muß niemand vom Boden essen.“

· Ist die gesamte Familie frei von Allergien?

· Besteht die Möglichkeit zu ausgedehnten Hunde-Spaziergängen ohne eine vorherige lange Autoanfahrt?

· Hat der Vermieter schriftlich sein Einverständnis zur Hundehaltung erklärt?

· Besteht kein ganztägiges Arbeitsverhältnis, wohin der Hund nicht mitgenommen werden kann?

Fragen, die speziell vor dem Kauf eines Australian Shepherd gestellt werden sollten:

· Wird wirklich ein so aktiver Hund, so ein Energiebündel gewünscht, oder würde eine Rasse mit weniger Ansprüchen und anderem Charakter besser ins Leben der Familie passen?

· Soll der Hund nicht nur angeschafft werden, weil man endlich Sport treiben möchte?

· Kann dem Hund der enge Kontakt im Zusammenleben mit Menschen gegeben werden, den er braucht?

· Ist die täglich unbedingt nötige halbe Stunde da, um mit dem Aussie konzentriert zu trainieren?

· Gibt es in erreichbarer Nähe überhaupt einen Hundesportplatz, der den eigenen Vorstellungen von Ausbildung und Sport entspricht?

· Ist die Familie bereit, notfalls auch ihre Urlaubsgewohnheiten umzustellen? So eng, wie sich der Aussie seinem Menschen anschließt, kann er nicht einfach in einer Tierpension abgegeben werden. Er will, muß mit. Traumstrände in der Karibik oder auch Wandern in Schottland sind damit tabu.

· Ein erwachsener Aussie kann gut vier, fünf Stunden am Tag allein gelassen werden, ein junger Hund unter sechs Monaten muß beaufsichtigt werden. Ist das gewährleistet?

Wurden alle Fragen mit einem spontanen „Ja!“ beantwortet, kann die Suche nach dem zukünftigen Traumhund beginnen.

Bei diesen beiden ist der Unterschied zwischen Rüde (Blue Merle) und Hündin (Black-Tri) gut zu erkennen.
Foto: K. Vollberg

Rüde oder Hündin?

Australian Shepherd Rüden sind allgemein größer und fellreicher als die Hündinnen. Sie markieren ihr Territorium wie alle Rüden durch das bekannte „Bein heben".

Die Hündinnen werden in schöner Regelmäßigkeit (ca. zweimal im Jahr) läufig, was gut drei Wochen Streß für ihre Menschenfamilie bedeutet. Rüden werden zwar nicht läufig, aber sie reagieren auf jede läufige Hündin in ihrer Umgebung mit Unruhe, Futterverweigerung, Jaulen, Ausreißen etc.

So gesehen können Rüden mehrmals im Jahr „läufig" sein. Charakterlich besteht kein Unterschied zwischen den Geschlechtern. Es gibt sowohl dominante Rüden, wie auch dominante Hündinnen (die übrigens unter Umständen auch ihr Gebiet markieren), anhängliche und verschmuste Rüden sind ebenso keine Seltenheit wie unabhängige Hündinnen. Kurz gesagt: Ob Rüde oder Hündin hängt einfach von den persönlichen Vorlieben ab.

Denn ebenso wie „ein guter Hund keine bestimmte Farbe" hat, hat er eigentlich auch kein Geschlecht. So ist sowohl der Aussie-Rüde als auch die Hündin ein lerneifriger, aufgeweckter und anhänglicher Hund – wenn er von seinem Menschen dahingehend gefordert und gefördert wird.

Der Aussie und Kinder

Der Australian Shepherd schließt sich eng an sein Menschenrudel an. Das umfaßt selbstverständlich auch die Kinder - so

Kinder und Kunststücke, da ist der Aussie sofort mit dabei.
Foto: K. Vollberg

denn welche vorhanden sind. Der Aussie liebt Kinder, weil es bei ihnen nie langweilig wird. Aber kein Hund ist automatisch ein „Kinder-Kumpel“.

Nur richtig erzogene, hundefreundliche Kinder haben auch einen kinderfreundlichen Hund! Es ist Sache der Eltern darauf zu achten, daß Kinder einen Hund respektieren und richtig mit ihm umgehen.

Von einem erwachsenen Aussie werden Kinder als die schutzbedürftigen Jungtiere des Rudels angesehen. Er fühlt sich für sie verantwortlich, behandelt sie mit Nachsicht, spielt gerne mit ihnen, aber er läßt sich von ihnen nicht erziehen oder herumschubsen. Wenn Kinder den Hund grob behandeln (Kleinkinder „testen“ Hunde gerne mit ziemlich sadistischen Einfällen), wenn sie evtl. ihren Übermut oder Frust an ihm auslassen, wird er ihnen irgendwann auf Hundeart Respekt beibringen.

Und wenn ein Welpe Kinder nur als Plagegeister kennenlernt, vor deren Übergriffen er nicht sicher ist, wird er wohl für den Rest seines Lebens Kinder mit drohendem Unheil gleichsetzen.

Wie kommt man zum richtigen Hund?

Einen guten Züchter finden

Die Zuchtvereine (siehe Anhang) wissen, welche Züchter z.Zt. Welpen haben, oder erwarten. Da der Aussie zum Glück noch kein Modehund ist, kann es aber durchaus sein, daß der Wunsch nach einem Welpen nicht sofort erfüllt werden kann.

Sehr zu empfehlen ist der Besuch von Ausstellungen und Wettbewerben, an denen Australian Shepherd teilnehmen. Aussies live zu erleben, sagt doch mehr über sie, als jede gedruckte Information, und außerdem gibt es die Möglichkeit vielleicht die Elterntiere zu sehen, von denen man Nachwuchs haben möchte und direkt Kontakt mit Züchtern aufzunehmen.

Der Australian Shepherd Club Deutschland e.V. rät allen Interessenten beim ersten Besuch bei einem Züchter folgende Punkte abzufragen:

- HD (Hüftdysplasie)-Untersuchungen bei den Elterntieren, von einem FCI-anerkannten Tierarzt ausgewertete Röntgenbilder oder Bescheinigung der Orthopedic Foundation for Animals (OFA) - Bescheinigung zeigen lassen!
- Augenuntersuchung der Elterntiere, durch einen Veterinär-Ophtalmologen durchgeführt und bestätigt, nicht älter als 1 Jahr - Bescheinigung zeigen lassen!
- Augenuntersuchung bei den Welpen zwischen der 6. und 8. Lebenswoche durch einen Veterinär-Ophtalmologen, geplant oder bereits erfolgt - Bescheinigung zeigen lassen!

Eine Züchterin mit ihrer ganzen „Meute" beim Spaziergang. Alle Hunde leben im Haus mit der Familie. Foto: K. Vollberg

Ein seriöser Züchter wird sich zudem bemühen, umfassende Informationen über die Rasse zu vermitteln, vielleicht sogar von dem Kauf eines Aussies abraten, wenn die passenden Umstände für diese Rasse aus seiner Sicht einfach nicht gegeben sind.

Es kann auch nicht schaden, zu mehreren Züchtern Kontakt aufzunehmen.Bei einem Besuch im Hause eines Züchters muß auf vielerlei geachtet werden. Schließlich legt er in den ersten Lebenswochen der Welpen die entscheidenden Grundlagen für die Sozialisierung des Hundes und damit auch die Grundlage für sein späteres Leben.

Eine Aufzucht der Hundekinder im Haus oder in einem entsprechend großen Raum in nächster Nähe des Wohnhauses mit viel Kontakt zur Züchterfamilie und anderen Haustieren ist in jedem Fall wünschenswert. Nicht so die Aufzucht und Unterbringung der Welpen in einem etwas abgelegeneren Zwinger oder Raum mit wenig Kontakt zum Menschen. Idyllische Ruhe und wenig Kontakt zu alltäglichen Dingen des Lebens sind für einen Welpen keine gute Voraussetzung, um mit dem Leben in der Stadt oder in einer hektischen Familie zurechtzukommen. Viele Züchter, die auf dem Land leben, machen sich aus diesem Grunde die Mühe, mit ihren Welpen in die nächstgelegene Stadt zu fahren und die Hundekinder dort mit den unbekannten Geräuschen und Gerüchen vertraut zu machen.

Ein zusätzlicher Pluspunkt ist hierbei sicherlich, daß sie dabei auch gleichzeitig an das Autofahren gewöhnt werden. Der Welpenraum, sollte einen sauberen,

Zufrieden liegt „Joy“ in ihrer Wurfkiste. Ihre sechs Welpen sind gerade drei Tage alt.

Foto: K. Vollberg

zugfreien und hellen Eindruck machen und mit unterschiedlichem aus Hundesicht interessantem Spielzeug ausgestattet sein.

Je nach Alter der Welpen sollte die Hündin bei ihnen sein, oder aber ständigen Zugang zu den Hundekindern haben.

Der gesamte Wurf sollte einen zufriedenen Eindruck machen, sauber und gut genährt sein ; diese Kriterien gelten übrigens auch für die Althunde des Züchters. Struppiges Fell und aufgetriebene Bäuche sind beim Welpen ein Zeichen von Verwurmung.

Stimmen das Umfeld und hat man auch ein gutes Gefühl beim Züchter, was sehr wichtig ist, damit auch später der Kontakt nicht abbricht und bei Fragen und Problemen immer wieder auf den Erfahrungsschatz des Züchters zurückgegriffen werden kann, dann ist es jetzt Zeit für die schwierigste Aufgabe: Die Auswahl des Welpen.

Wie sich Welpen entwickeln

Die ersten zwei Lebenswochen verbringen Hundewelpen mit Schlafen, Saugen und Wachsen. Mit pendelnden Reflexbewegungen kriechen sie zur warmen Mutter oder den Geschwistern. Von ihrer Umwelt nehmen sie sehr wenig wahr, Augen und Gehörgänge sind noch verschlossen. Durch intensives Belecken der Welpen stimuliert die Hündin immer wieder die Verdauung, aber auch die Atemreflexe nachhaltig. Das Berühren nur eines Welpen löst sehr schnell eine Bewegung des kompletten Wurfes aus, die dann über- und untereinander kriechen. Zusätzlich sind Welpen in den ersten Wochen kaum in der Lage, ihre eigene Körpertemperatur zu regulieren und suchen aus diesem Grund die Wärme ihrer Geschwister oder der Mutter. Das ganze kleine Leben ist also bisher nichts anderes als eine Folge von Reflexen.

Mit zwei Wochen besteht das Leben vor allem aus Schlafen, Saugen und wieder Schlafen.

Foto: K. Vollberg

Aber im Laufe der dritten Lebenswoche öffnen sich Augen und Gehörgänge und jetzt geht es los.

Die Welpen sind nun imstande, ihren Körper soweit zu kontrollieren, daß sie ihren Weg selbst bestimmen und sich in die von ihnen gewünschte Richtung bewegen können. Und davon machen sie immer ausgiebiger Gebrauch. Die Welpen beginnen, miteinander zu spielen, indem sie anfangen, gegenseitig aufeinander „herum zu kauen“ - was möglich ist, die ersten Milchzähne brechen jetzt durch. Später werden auch deutliche Spielauffor-

Mit fünf Wochen gibt es jeden Tag neue Dinge zu entdecken und auszuprobieren.

Foto: K. Vollberg

derungen mit dem ganzen Körper gegeben. Spätestens ab dieser Zeit sollte der Züchter beginnen, sich intensiv mit den Welpen zu befassen. Hier beginnt die wichtige Prägephase auf die Umwelt.

Ab der vierten Lebenswoche erfolgt meist die Zufütterung für die Welpen. Die kleinen Hunde werden jetzt auch ins Freie gelassen (je nach Witterung) und erkunden dort begierig, was sich an Neuem für sie bietet.

Sie spielen mit allem, was sie finden können und machen so viele wichtige Erfahrungen für ihr späteres Leben. Innerhalb der nächsten Wochen wachsen sie schnell und erweitern täglich ihren Horizont. Den jungen Aussies sollten jetzt viele unterschiedliche Umweltreize vom Züchter geboten werden, damit das Hundekind später gut auf Menschen und Umwelt geprägt ist und sich nach der Abgabe ohne Schwierigkeiten in sein neues Menschenrudel einfügt.

Abgabealter für den kleinen Aussie sollte die neunte Lebenswoche sein. Bis zur zwölften Woche (dem Ende der Sozialisierungs- oder Rudelordnungsphase) hat der neue Besitzer nun Zeit, seinem kleinen Aussie die Grundlagen des Zusammenlebens mit dem Menschen nahezubringen. Späteres Vertauen zu seinem Menschen muß aufgebaut werden, Verhalten gegenüber anderen Hunden und Haustieren wird erlernt, der Umgang mit unbekannten Situationen trainiert.

All dies bis zur zwölften Woche erlernte Verhalten machen den erwachsenen Aussie zu einem angenehmen oder schwierigen Zeitgenossen.

Auswahl des Welpen

Zuerst eine Warnung: Vorsicht! Alle Welpen sind nett, knuddelig, flauschig und vor allen Dingen: Niedlich! Auch wenn es unsagbar schwerfällt, sollte bei der Auswahl des künftigen Gefährten nicht zuerst das Herz sondern der Verstand gefragt werden.

Soll es ein Hund sein, der sich gut in die Familie einfügt, alles mitmacht, aber doch keine extremen Anforderungen an seine Besitzer stellt? Oder darf es ein „Arbeitshund“ sein, der mehr oder weniger jede freie Minute seines Menschen und ständig neue, abwechslungsreiche Aufgaben fordert? Oder soll dieser Welpe schon im Hinblick auf eine zukünftige Aufgabe für Hund und Mensch ausgesucht werden?

Es gibt viele Punkte zu bedenken und abzuwägen. Der Züchter selbst kennt die Charaktere seiner einzelnen Hundekinder am besten und kann und sollte hier Empfehlungen aussprechen.

Für den Anfänger in der Hundehaltung und -ausbildung und als Familienhund in einem lebhaften Haushalt mit Kindern eignet sich am besten ein Hund mit einem mittleren, ausgeglichenen Temperament, weder allzu dominant noch schüchtern. Ein dominanter, quirrliger Welpe gehört, ebenso wie ein etwas zurückhaltender Hund, in die Hände eines erfahreneren Hundehalters. Bei der endgültigen Entscheidung kann ein Welpentest helfen. Der beste Zeitpunkt hierfür ist im Hundealter von rund sieben Wochen.

Ein Welpentest

Bei den nun folgenden Tests kann die Persönlichkeit des Welpen geprüft werden. Das Verhalten des Welpen in einem Alter von etwa sieben Wochen spiegelt mit größter Wahrscheinlichkeit die ihm angeborenen Persönlichkeitsmerkmale wider.

Beachtet werden muß, daß das Verhalten eines Welpen sehr stark von seiner Tagesform abhängig ist. Um ganz sicher zu gehen, sollte ein Welpentest mindestens zweimal zu unterschiedlichen Tageszeiten und an verschiedenen Tagen durchgeführt werden, wenn dieser Test die einzige Entscheidungshilfe bei der Auswahl des Welpen darstellen soll, was selten der Fall ist.

Wichtig ist außerdem, daß keine dem Hund vertraute Person diesen Test durchführt, sondern eine ihm fremde, und daß der Testort dem Welpen nicht vertraut ist, es sollte also ein Raum gewählt werden, in dem der kleine Hund sich nicht oft aufgehalten hat.

Bereitschaft, sich einem fremden Menschen zu nähern

Die Testperson kniet auf dem Fußboden, der Welpe wird etwa ein bis zwei Meter von ihr entfernt niedergesetzt. Die Testperson lockt den Hund durch Klatschen in die Hände oder andere Geräusche. Der Welpe sollte freudig und mit erhobener Rute auf die Testperson zulaufen. Kommt der Welpe nicht oder läuft sogar weg, so ist dies unter Umständen ein Hinweis auf geringe soziale Ansprechbarkeit oder Angst. Ein solcher Welpe sollte nur von erfahrenen Ausbildern gewählt werden.

Der Welpe wird von einer fremden Person gerufen. Läßt er sich heranlocken?
Foto: U. Schanz

Bereitschaft, einem Menschen zu folgen

Die Testperson erhebt sich langsam, lockt den Welpen und ermuntert ihn durch Klopfen ans Bein zum Folgen. Folgt der Welpe spontan, kann dies grundsätzlich als Bereitschaft, die Führung eines Menschen in einer neutralen Situation anzuerkennen, gewertet werden. Versucht der Welpe beim Folgen jedoch unentwegt, nach den Füßen der Testperson zu schnappen, dann gehört dieser Hund nicht ohne weiteres in eine Familie mit Kindern. Folgt der Welpe nicht und läuft sogar weg, ist dieser Hund nicht für den Anfänger geeignet.

Bereitschaft, die Führung eines Menschen zu akzeptieren

Der Tester dreht den Hund auf dem Boden kniend sanft auf den Rücken und hält ihn dort für etwa eine halbe Minute fest. Der ideale Welpe wird sich kurz sträuben und die Dominanz des Menschen dann akzeptieren. Anderes Verhalten, wie beispielsweise wildes Kämpfen und um sich schnappen kann ein Zeichen für einen Hund sein, der die Rangstellung des Menschen wiederholt anzweifeln wird.

Bereitschaft, die Führung eines Menschen in nicht mehr kontrollierbarer Situation anzuerkennen

Die Testperson hebt den Welpen mit beiden Händen hoch, so daß die Beine des Hundekindes den Boden nicht mehr berühren. Nach einer halben Minute wird der Welpe wieder auf den Boden gestellt. In dieser Lage hat der Welpe keinerlei Einfluß mehr auf das Geschehen. Eine ähnliche Situation wird im späteren Leben häufiger auftreten. Der ideale Welpe wird sich entspannt hochheben lassen und sich gar nicht oder nur kurz wehren. Nach dem Herabsetzen wird er nicht weglaufen. Nicht gewählt werden sollte ein Welpe, der wild um sich schnappt und sich zu befreien versucht und nach dem Herabsetzen in Panik davonläuft.

Geräuschsicherheit

Der Tester erzeugt in dem Moment, wo der Welpe von ihm abgewandt ist, ein lautes Geräusch mit einem Hilfsmittel. Dies kann ein Brett sein, das auf den Boden fällt, eine Dose mit Steinen oder ähnliches. (Vorsicht, nicht auf den Welpen werfen!) Ein geräuschempfindlicher Hund kann im Extremfall eine große Belastung für die ganze Familie sein. Bei diesem Test darf der Hund sich erschrecken, sollte aber überredet werden können, sich dann der Geräuschquelle freiwillig und neugierig zu nähern.

Bereitschaft, mit einem Menschen zu „arbeiten“

Die Testperson macht dem Welpen einen kleinen Ball oder ein zusammengeknülltes Blatt Papier durch Zeigen und Spielen interessant. Dann wird das Spielzeug etwa ein bis eineinhalb Meter weit weggeworfen. Der junge Aussie sollte dem Ball folgen und diesen vielleicht sogar zurückbringen. Die Ausbildung eines Welpen, der hier kaum oder kein Interesse zeigt, kann sich, besonders für einen Anfänger, schwierig gestalten.

Der Welpe wird hochgehoben, hängt buchstäblich „in der Luft". Hält er trotzdem still?
Foto: U. Schanz

Gleich knallt die Dose hinter dem Welpen auf den Boden. Wie stark erschrickt er sich?
Foto: U. Schanz

Ein Welpe, der bei allen diesen Tests erwünschtes oder tolerierbares Verhalten gezeigt hat, ist grundsätzlich sehr gut veranlagt und sowohl als Familien- und Sporthund als auch für anderweitige Aufgaben gut geeignet. Ein Welpe, der sich im Test dominant oder schüchtern zeigte, gehört in die Hände eines erfahrenen Ausbilders.

Dominante Welpen müssen durch konsequente aber faire Erziehung auf ihren Platz im „Menschenrudel" verwiesen werden.

Schüchterne Hunde brauchen, besonders in der Anfangszeit, viel Förderung. Durch entsprechendes Training kann Selbstbewußtsein bis zu einem bestimmten Grad auch von ihnen erlernt werden.

Bei der endgültigen Auswahl eines Aussie-Kindes sollte der Empfehlung des Züchters und natürlich der Sympathie zu bestimmten Welpen viel Gehör geschenkt werden - auch, wenn ein Welpentest durchgeführt wurde!

Bevor ein Welpe einzieht...

Sicherheits-Check für Haus und Garten

Der zukünftige Welpenbesitzer sollte sich die Mühe machen, und Haus und Garten einmal aus der Sicht eines Welpen betrachten. Die Mühe, einige Gegenstände aus der Reichweite des kleinen Hundes zu entfernen bzw. auch den Garten zu sichern, lohnt sich bei einem so aktiven Hund wie dem Aussie auf jeden Fall und spart unter Umständen viel Ärger.

Ist der Gartenzaun wirklich so sicher, daß der Welpe nicht unbeobachtet auf die Straße gelangen kann? Wenn nötig muß der Zaun eben nachgebessert, eventuelle Löcher müssen geflickt werden.

In welchem Teil des Gartens soll sich der Welpe aufhalten dürfen? Junge Aussies kennen nicht die Preise von Ziergehölzen, und sie interessieren sich auch nicht dafür, aber mit fast hundertprozentiger Sicherheit roden sie die teuersten Büsche als erstes.

Nervenschonend (und billiger!) ist es, dem zukünftigen Familienmitglied einen Teil des Gartens sicher eingezäunt als Auslauf und Spielplatz zur Verfügung zu stellen. Dort darf er dann tun und lassen, was er will – und führt auch keine gärtnerische Selektion durch.

Ist ein Abzäunen nicht möglich oder nicht erwünscht, darf der junge Hund später eben nur unter Aufsicht in den Garten gelassen werden und muß, wenn er Anstalten zum Graben oder Blumenpflücken zeigt, eben konsequent und freundlich davon abgelenkt werden.

Wer diesen beiden einen Garten zur freien Verfügung stellt, erkennt ihn bald nicht mehr wieder. Foto: U. Schanz

Im Haus muß erst einmal entschieden werden, welche Bereiche der Hund betreten darf und welche nicht. Grundsätzlich schließt sich der Aussie sehr eng an sein Menschenrudel an und möchte und sollte so gut wie immer dabeisein. Soll ein Raum oder ein Bereich von ihm nicht betreten werden, müssen Vorkehrungen getroffen werden.

Eine Treppe aber sollte auf jeden Fall durch ein Kinderschutzgitter abgesperrt werden - und zwar am unteren Ende. Soll sich der junge Hund auch in der oberen Etage aufhalten, muß auch das obere Treppenende abgesperrt und der Hund die Treppe hoch und runter getragen werden. Das geschieht bitte solange, bis seine Knochen und Bänder sich gefestigt haben – also etwa ein Jahr lang. Läuft ein junger Aussie ständig Treppen, kann dies schwere Folgeschäden an den Gelenken nach sich ziehen.

Ein Schlafplatz für den Hund muß ebenfalls ausgewählt werden. Da der Aussie den engen Kontakt zu seinen Menschen liebt, sollte zumindest einmal darüber nachgedacht werden, ob der Hund nachts mit ins Menschenschlafzimmer darf.

Bewährt hat sich als Unterbringung für die Nacht generell Vari-Kennel (die sogenannte Flugtransportbox) oder eine Gitterbox als Schlafplatz. Das klingt im ersten Moment ungewohnt, hat aber viele Vorteile:

Welpen lieben Höhlen und liegen sehr gerne darin. Der Vari-Kennel ist rundherum geschlossen, über eine Gitterbox kann eine Decke gelegt werden.

Die Box ist zugfrei und warm. Viele Welpen jaulen in den ersten Nächten, weil ihnen einfach kalt ist.

Welpen beschmutzen ihren Schlafplatz nur ungern. Da die Box geschlossen ist, wird sich der Welpe melden, wenn er nachts heraus muß. Auf diese Weise wird ein junger Aussie schnell stubenrein.Der Welpe kann, wenn er an die Box gewöhnt ist, damit auch problemlos und sicher im Auto untergebracht werden (siehe: „Der Aussie im Auto").

Der Welpe kann auch dann in die Box gesetzt werden, wenn einmal keine Zeit ist, auf den Hund zu achten, beispielsweise, wenn die Kinder schnell zum Sport gefahren werden müssen, oder viel Besuch im Haus ist. Erfahrungsgemäß stellen junge Hunde immer genau dann etwas an, oder noch schlimmer, sie verletzen sich, wenn gerade niemand hinsieht. In der Box kann nichts passieren und der Hund ist sicher aufgehoben. Am einfachsten akzeptiert sie ein Welpe, wenn er in der Box etwas Futter oder einen Kauknochen vorfindet. So lernt er die Box mit einer positiven Erfahrung zu verknüpfen und wird sehr gerne hineingehen.

Für einen mittelgroßen Hund wie den Australian Shepherd ist eine Box der Größe 5 angebracht (ca. 60 cm breit, 80 cm hoch und etwa 100 cm tief). In ihr kann der Hund auch dann noch bequem liegen, wenn er erwachsen ist und die Box (auf Reisen oder im Auto) noch gebraucht wird.

Über die Anschaffung einer solchen Gitterbox sollte jeder zukünftige Besitzer eines kleinen Aussies wenigstens einmal nachdenken. Diese Box soll auf keinen Fall dazu dienen, den Hund tagsüber „wegzusperren" und nur stündlich in den Garten zu lassen. Wer auch nur daran denkt, sollte sich noch einmal generell die Anschaffung eines Hundes - egal welcher Rasse - überlegen. Diese Box soll der Schlaf- und Futterplatz des Junghundes sein und einzig und allein seinem Wohl dienen.

Eine weitere Inspektion des Hauses in puncto Welpensicherheit ergibt so gut wie immer Elektrokabel bzw. Mehrfachstecker in erreichbarer Distanz zu Welpenzähnen. Diese Kabel sollten - wenigstens für die nächsten Monate - in sichere Höhen verlegt werden.

Das gleiche gilt auch für Telefonschnüre und Computeranschlüsse. Teure Teppiche, und - besonders beliebt - gegerbte Tierfelle

Hier ist der Zimmer-Kennel für den Welpen aus Holz selbstgebaut. Foto: K. Vollberg

Welpen knabbern alles an, was ihnen vor die Zähne kommt, egal ob Stöckchen, Schuhe oder Computerkabel. Foto: K. Vollberg

sollten erst einmal auf dem Speicher bzw. in höher angebrachten Regalen verschwinden, es sei denn, man möchte den von Schwiegermutter geschenkten Ladenhüter mit Eleganz verschwinden lassen.

Auch Vasen, Schuhe, Zimmerpflanzen (sehr wichtig, weil oft giftig), kurz alles, was lieb und teuer ist, muß so gut versteckt und untergebracht werden, daß der junge Aussie es nicht finden, daran zu Schaden kommen oder es auf Aussie-Weise kaputtuntersuchen kann.

Und sollte es im Haus ein Katzenklo geben, muß auch das unerreichbar für ihn sein, sonst wird er es demnächst entleeren.

... DIE EINKAUFSLISTE

Auf der Einkaufsliste für den Welpen stehen Leine und Halsband, Futter- und Wassernapf, Spielzeug, sowie vielleicht eine Decke für den Liegeplatz.

Die Leine kann eine eineinhalb bis zwei Meter lange dünne Lederleine mit einem Karabinerhaken zum Einklinken in das Halsband sein. Mehr braucht der Aussie wirklich nicht. Das Halsband sollte flach, solide und leicht zu verstellen sein (der Welpe wächst schnell). Ein Halsband aus Nylon hat den Vorteil, daß es leicht zu waschen ist, und naß nicht steif wird wie ein Lederhalsband. Bitte keinen Kettenwürger oder ähnliches für den kleinen Aussie in Erwägung ziehen. Den braucht er noch nicht einmal, wenn er erwachsen ist.

Futter- und Wassernapf sollten leicht zu reinigen sein und nicht schnell zerkratzen. Ich persönlich bevorzuge einfache Salatschüsseln aus Edelstahl aus dem Haushaltswarenladen. Näpfe aus der Zoohandlung sehen genauso aus, kosten aber das Dreifache, weil es eben Hundenäpfe sind. Als Decke ist ein „Vetbed" besonders zu empfehlen. Diese Unterlage kommt aus der Humanmedizin, ist bei 90°C waschbar und sehr haltbar. Auch ein nasser Hund liegt auf dieser Decke trocken, die Feuchtigkeit wird nach unten abgeleitet. Beim Spielzeug reicht eine

Spezielle Unterlagen sind vielleicht praktischer, aber jeder Hund liebt es, auf einem alten Kissen zu liegen.
Foto: K. Vollberg

kleine Grundausstattung: Ein Kauknochen aus sogenannter Büffelhaut, ein griffiger Hartgummiball und vielleicht ein kleines „Quietschtier“. Ein Baumwollknotenseil für Zerrspiele muß nicht sein. Ein alter, verknoteter Strumpf oder ein Handtuch tut es auch. Unbedingt empfehlenswert dagegen ist eine Haftpflichtversicherung für den Hund. Ein Australian Shepherd kann so einiges anstellen! Manche Privathaftpflicht deckt den Welpen zwar für eine gewisse Zeit mit ab, aber eben nicht jede, besser ist es, das schnell zu klären.

Die Anmeldung des neuen Hausbewohners bei der Gemeinde dagegen hat Zeit: Ein Welpe unter 6 Monaten ist noch nicht hundesteuerpflichtig.

Der Aussie kommt ins Haus

Abholen und der erste Tag

Endlich ist es soweit. Alles ist vorbereitet und besorgt. Der kleine Aussie kann kommen. In der Regel wird er wohl mit dem Auto abgeholt. Dann bitte mindestens zu zweit fahren, damit eine Person den kleinen Hund während der Autofahrt eventuell trösten oder beruhigen kann. Schließlich wurde er gerade von seiner Mutter und seinen Geschwistern getrennt und aus seiner gewohnten Umgebung gerissen.

Bei einer längeren Autofahrt sollte dem Welpen etwa alle 90 Minuten Gelegenheit gegeben werden, sich zu lösen. Besonders, wenn der kleine Hund geschlafen hat und wieder aufgewacht ist, „muß" er hundertprozentig sehr dringend. Bitte auf der Autofahrt auch Wasser bereithalten!

Der Zeitpunkt des Abholens sollte möglichst so gewählt werden, daß der Welpe noch Zeit hat, Haus und Garten bei Tageslicht zu inspizieren.

Der Züchter wird einen genauen Futterplan und eine Tüte des gewohnten Futters für die nächsten Tage mitgegeben haben, außerdem den Impfpaß mit Anweisungen für noch ausstehende Impfungen, die Papiere des Welpen, also die Registrierung des VDH bzw. den Antrag auf Einzelregistrierung beim ASCA, und sicher auch viele gute Ratschläge und die dringende Bitte, spätestens morgen anzurufen und zu berichten, wie der kleine Hund sich verhält.

Im neuen Heim angekommen wird der kleine Aussie seine Umgebung sehr gründlich erforschen. Bitte vor der Begehung des Hauses daran denken, daß sich

Nicht zu viel in die ersten Tage und Wochen hineinpacken. Ein Welpe von 10 Wochen braucht noch viel Schlaf. Foto: K. Vollberg

der Welpe nach der Autofahrt bestimmt dringend lösen muß. Also: Erst in den Garten, dann ins Haus, sonst passiert zur Begrüßung sofort etwas, was eigentlich nicht passieren soll.

Natürlich wollen alle Freunde und Nachbarn den Kleinen kennenlernen. Sollen sie auch, aber bitte nicht in den ersten Tagen. In dieser Zeit hat der kleine Aussie genug damit zu tun, herauszufinden, wer eigentlich genau zu seinem zukünftigen „Rudel“ gehört.

Die ersten Nächte werden sicher nicht lang sein, weil der Welpe sich allein fühlt und sich darüber mehr oder weniger laut beklagen wird. Wenn man dem Züchter rechtzeitig vorher eine Fließunterlage überlassen hat, die er mit ins Welpennest gelegt hat, kann man dem Kleinen jetzt ein „Stück Heimat“ mit dem Geruch von Mutter und Geschwistern ins Hundebett legen, und noch eine Wärmflasche darunter für die gewohnte Nestwärme.

Hat der Kleine nachts ein ganzes Zimmer für sich, kann es gut sein, daß er hinein macht. Die beste Lösung ist eine Klo-Ecke: Eine Plastikfolie auf der das gleiche Material ausgelegt wird, das auch der Züchter für diesen Zweck benutzt hat (z.B. Zeitungspapier).

Welpentraining

Fehler vermeiden

Schon bevor der kleine Aussie einzieht, sollte in der Familie Einigkeit über all das herrschen, was der junge Hund darf und was nicht. Dies beginnt mit Räumen, die er nicht betreten soll und endet bei Dingen des täglichen Lebens, wie beispielsweise dem Anspringen oder dem Füttern vom Tisch. Und es müssen sich auch wirklich alle an diese vereinbarten Regeln halten.Grundsätzlich gilt: Was der erwachsene Aussie später nicht darf, darf auch der Welpe nicht. Und zwar vom allerersten Tag an! Auch am Tag des Einzuges nicht. Es ist für einen halberwachsenen oder erwachsenen Hund völlig unverständlich, wenn er plötzlich für etwas

Ein selbstbewußter Hund mag sein Leben lang neue Dinge ausprobieren, z.B. beim Spaziergang über einen Holzstapel laufen.

Foto: K. Vollberg

getadelt wird, was er durfte, solange er klein war. Einer der wichtigsten Grundsätze in der Erziehung eines Aussiewelpen ist: Fehler vermeiden! Dieses Prinzip beruht darauf, daß ein kleiner Hund mit Hilfe einfacher Mittel gar nicht erst die Gelegenheit bekommt, Dinge, die er nicht tun soll, auszuprobieren. Warum aber nicht einfach schimpfen? Der Grund ist folgender: Ein Welpe, der gelernt hat, daß viele seiner Handlungen eine neutrale oder positive Resonanz bei seinen Rudelmitgliedern auslösen, wird sich mit großer Wahrscheinlichkeit zu einem selbstbewußten Hund entwickeln. Ein solcher Hund wird auch im Erwachsenenalter weiterhin viele Dinge ausprobieren. Das ist eine sehr gute Grundlage für die Ausbildung. Dieser Hund hat Vertrauen zu seinen Ersatzrudelmitgliedern, den Menschen, weil er sie im Laufe seiner Entwicklung als für ihn berechenbar kennengelernt hat. Im Gegenzug gibt es Hunde, die denken, sie hießen „Nein", weil sie dieses Kommando tatsächlich häufiger hören als den eigenen Namen.

Gerade junge Aussies reagieren sehr sensibel auf ständiges Herumgenörgel. Das unentwegte, pure Verbieten von Handlungen kann dazu führen, daß der Hund bald gar nichts mehr tut. Solche Hunde verbringen ihr Leben in Furcht unter der Eckbank in der Küche. Oder – das andere Extrem - sie sind bald so weit desensibilisiert, daß sie ihr eigenes Leben führen.

„Fehler vermeiden" bedeutet aber nicht, daß der junge Aussie antiautoritär erzogen werden soll. Das funktioniert nicht. Ein Blick auf das Wolfs- oder Wildhundrudel zeigt: Hier existiert eine Gemeinschaft mit festen Regeln. Diese Regeln werden von den Alttieren konsequent durchgesetzt und so an die Welpen weitergegeben. Aussiewelpen erwarten daher ein klares, für sie berechenbares Verhalten von ihrem „Leithund" Mensch. Dazu gehört natürlich ein Unterlassungskommando wie beispielsweise „Nein", das ihn veranlaßt, die gerade begonnene Handlung sofort zu beenden. Dieses Kommando sollte dem Welpen jedoch kurz und deutlich „erklärt" werden. Ein kurzes, lautes Händeklatschen verbunden mit dem entsprechenden Wort „Nein" ist für einen sensiblen Hund Veranlassung genug, etwas zu unterlassen. Ein Rüpel wird auf bloßes Händeklatschen hin keine Handlung unterbrechen, die ihn gerade reizt. Er wird also z.B. weiter am Stuhl nagen. Hier kann der Mensch genau das tun, was auch ein Alttier im Hunderudel tun würde, um einem Welpen Gehorsam beizubringen: beispielsweise einen Griff über den Fang, oder den Welpen im Genick packen und kurz schütteln - jeweils verbunden mit dem Wort, das später das Unterlassungskommando darstellen soll. Das macht dem Welpen deutlich, was der Rudelchef jetzt gerade wünscht. Sollte ein Welpe dann noch nicht gehorchen, riskiert er im Hunderudel eine ernste Drohung: Er wird auf den Rücken geworfen und das Alttier greift ihm über seine Kehle. Auf das Abbrechen einer vom Menschen nicht gewünschten Handlung - auf Geheiß hin - folgt natürlich entweder ein Leckerli oder doch mindestens ein deutliches verbales Lob vom Rudelchef.

Auf den Rücken gedreht zu werden und eine Hand an der Kehle spüren heißt für jeden Welpen: „Sofort aufhören und gehorchen!“ Foto: U. Schanz

Stubenreinheit

Stubenreinheit ist für die meisten Welpenbesitzer das erste Erziehungsziel: Nach dem Spielen, Fressen, Trinken und Schlafen muß ein Welpe hinaus. Und zwar sofort.

Der Tag wird also in der nächsten Zeit sehr früh beginnen. Man kann einem Welpen nicht sagen, „wir gehen gleich nach den Nachrichten“, oder „nur noch einmal umdrehen....“ Dann ist es sicher schon „zu spät“ und die Pfütze auf dem Teppich. Im Laufe des Tages wird der Kleine etwa alle zwei Stunden für 10 bis 20 Minuten nach draußen gebracht, das letzte Mal direkt vor dem Schlafen. Spätestens, wenn er im Kreis läuft und schnüffelt, muß er dringend. Dann kann man ihn schnell vor die Tür tragen, ansonsten sollte er besser auf seinen eigenen, kurzen Beinen laufen, weil es ja genau das ist, was er lernen soll. Beim Hochnehmen den Kleinen bitte nicht am Genick packen. Das ist nur der richtige Griff für Katzen! Einem Welpen greift man mit einer Hand unter den Po und stützt mit der anderen seine Brust.

Wenn der kleine Aussie immer an einen bestimmten Platz im Garten gesetzt wird und dort unter viel Lob sein „Geschäft“ macht, wird er dies auch später an dieser Stelle tun, was das Sauberhalten des Gartens oder des Auslaufes sehr erleichtert. Ist dem kleinen Hund dann doch etwas im Haus „passiert“, hilft eine Zeitungsrolle. Sie leistet bei der Erziehung des kleinen Hundes gute Dienste. Die Zeitung nehmen und zusammenrollen. Dann damit – kräftig – mehrmals gegen die eigene Stirn schlagen und dabei dreimal sagen: „Ich habe auf meinen kleinen Aussie nicht aufgepaßt!“ Spätestens nach drei oder vier dieser Erziehungsmaßnahmen hat jeder Mensch gelernt, auf den Hund zu achten. Diese Methode wirkt auch, wenn der arglose kleine Aussie unbeobachtet an Stühlen kaut, versucht, herauszufinden, was sich hinter der Tapete befindet, kurz, bei allen Dingen, die er eigentlich nicht tun soll, es aber noch nicht wissen kann.

Auf den Namen hören

Bevor ein Hund erzogen werden kann, muß er seinen Namen kennen und auf ihn hören. Der Name sollte für einen Hund unverwechselbar und am besten nur aus zwei Silben bestehen, dann kann er ihn leichter behalten. Wird der Name von Anfang an nur dann eingesetzt, wenn der Hund gleichzeitig auch direkt angesprochen wird, lernt ein Welpe, daß sein Name gleichbedeutend ist mit einer Aufforderung: „Paß auf! Ich möchte was von dir.“ Folgt dann jedesmal noch ein angenehmes Erlebnis für ihn (Futter, gestreichelt werden, ein Spiel etc.), wird sein Name für ihn zu einem positiven Signal, das sich ihm tief einprägt. So tief, daß er später auf seinen Namen hört, auch wenn gerade ein Kaninchen vor ihm aufgesprungen ist...

„Komm“

„Komm“ lernt ein Hund ebenfalls am besten, wenn es für ihn mit etwas Angenehmem verbunden ist. Am Anfang wird das Kommando nur dann gerufen, wenn der Hund sowieso angelaufen kommt, weil z.B. seine Futterschüssel gefüllt wird. Draußen wird ihm aus ein paar Meter Entfernung sein Lieblingsball oder ein Leckerli angeboten. Der Hund soll lernen, daß es sich für ihn lohnt, immer zu kommen (auch wenn „Komm“ in Zukunft oft genug für ihn heißen wird „Spaziergang

So soll es sein: Ein „Komm“ reicht und der Hund läßt seinen besten Freund stehen, um zu seinem Menschen zu spurten.

Foto: K. Vollberg

und Spaß sind jetzt zu Ende"). Wie jedes neue Kommando sollte auch „Komm" höchstens dreimal am Tag trainiert werden, damit der Hund nicht die Lust daran verliert, und er wird zu Anfang nur gerufen, wenn sicher ist, daß er auch kommen wird. Kommt er einmal nicht, darf er auf keinen Fall ausgeschimpft werden. Eine Strafe für etwas, was er nicht tut, kann kein Hund verstehen.

An Halsband und Leine gewöhnen

Leine und Halsband sollte ein Hund nur mit positiven Erlebnissen in Verbindung bringen, denn sie sind bei jeder späteren Ausbildung sehr wichtige Trainingshilfsmittel. An das Tragen des Halsbandes wird ein Welpe dadurch gewöhnt, daß es ihm vor dem Füttern angelegt und hinterher wieder abgenommen wird. Schon nach ein paar Mahlzeiten stört es den Hund nicht mehr und kann dranbleiben. Ist er an das Tragen des Halsbandes gewöhnt, wird immer vor dem Fressen und Spielen die Leine daran festgemacht. Es dauert nicht lange, und das Festmachen der Leine wird mit Schwanzwedeln begrüßt.

An der Leine gehen

An der Leine gehen wird buchstäblich schrittweise gelernt. Das Training beginnt in der Wohnung. Der Welpe wird angeleint. Die Leine hängt locker durch. Wenn der Welpe zwei, drei Schritte mitläuft, wird er gelobt, sobald die Leine sich strafft, geht es nicht mehr weiter. Er wird erst ziehen, dann wahrscheinlich auf seinen Menschen zugehen. Sowie die Leine wieder locker ist, wird wieder gelobt, und es geht weiter. Die ersten Übungen gehen nur über Meter. Aber schon bald sind kleine Strecken mit lockerer Leine möglich. Wie bei allen Übungen nicht mehr als dreimal am Tag und auch nur ein paar Minuten trainieren, damit es für den Hund eine angenehme Aufgabe bleibt. Immer mit etwas aufhören, was er gut macht, und mit einem dicken Lob und einer Belohnung! Klappt das Mitlaufen in der Wohnung, wird es nach draußen verlegt und auch da schrittweise ausgebaut.

Immer nur kurz mit einem Hund üben, immer mit etwas aufhören, was er gut macht, und nie vergessen ihn deutlich zu loben und zu belohnen, dann macht ihm lernen Spaß. Foto: U. Schanz

Apropos Spaziergänge: Einen Welpen von 10 Wochen eine Stunde an der Leine mit in die Stadt zu nehmen heißt ihn völlig zu überfordern. Spaziergänge berechnen sich in diesem Alter noch nach Minuten. Auch die Tobe- und Spielintervalle fallen kurz aus, denn um sich gut zu entwickeln brauchen Welpen noch sehr viel Schlaf.

Ein Hund, der gelernt hat, daß Menschen mit „Sitz“ zu begrüßen sind, erspart so einige Reinigungsrechnungen.

Foto: U. Schanz

„Sitz“ und „Platz“

„Sitz“ und „Platz“ werden ebenfalls mit kleinen Belohnungen spielend gelernt: Man steht vor dem Hund und hält ihn mit der einen Hand an der Leine. Mit der anderen Hand hält man ihm ein Leckerli vor die Nase und führt die Hand dann über seinen Kopf nach hinten. Der Hund wird dem „Bonbon“ mit der Nase folgen, dabei den Kopf hochnehmen und gleichzeitig mit dem Hinterteil nach unten gehen. Schon sitzt er.

Nach ein paar Wiederholungen wird er den Klang von „Sitz“ mit seiner Bewegung verknüpft haben und anfangen sich automatisch zu setzen, wenn er das Kommando hört. Für „Platz“ geht die Hand mit dem Leckerli einfach nach unten, zwischen die Vorderbeine des Hundes.

Anspringen

Die meisten Menschen sind begeistert wenn ein „süßer“ Welpe auf sie zustürmt und sie anspringt.

Die Begeisterung erlischt schlagartig, wenn ein nasser, matschiger Hund deutliche Spuren seiner Begeisterung auf einem hellen Trenchcoat hinterläßt. Also, lieber den Kleinen noch erziehen, solange die Leute sagen „Ach, ist der süß!“ Der Welpe sollte lernen, daß Menschen nicht auf Hundeart durch Anspringen begrüßt werden dürfen, sondern im Sitzen.

Wenn er es doch tut, werden seine Vorderpfoten ergriffen und festgehalten, aber der Hund selber wird völlig ignoriert. Er wird erst wieder losgelassen, wenn es ihm ziemlich unangenehm ist.

Dinge kaputtkauen

Ein Welpe hat drei gute Gründe, auf Dingen herumzukauen. Es macht Spaß. Es ist zudem seine Art die Umwelt kennenzulernen. Und wenn die neuen Zähne langsam durchkommen, dann juckt und schmerzt ihm auch das Maul. Kauknochen, Spielzeuge, hartes Brot, Kauseile oder Holzstücke tragen dem Rechnung. Gegen Kaputtkauen aus Langeweile hilft, wenn man viel mit dem Welpen spielt und sein Leben interessant ist.

Intelligent, wie Australian Shepherd sind, gibt es Welpen, die finden schnell heraus, daß sie nur ihre Zähne in bestimmte Dinge schlagen müssen, und schon kommt jemand angelaufen, der vorher eigentlich keine Zeit für sie hatte, und sie beginnen ihre Kau-Attacken gezielt einzusetzen. Ein kleines Kissen hilft, ihm das wieder abzugewöhnen. Es dient als Wurfgeschoß. Beim nächsten Beiß-Angriff, wenn der Welpe sich alleine glaubt, trifft ihn das Kissen aus heiterem Himmel, und ohne daß ein Wort gesprochen wird. Fällt es dann beim nächsten Kauversuch wieder auf ihn drauf, verbindet der Welpe das unangenehme Erlebnis mit seinem eigenen Verhalten und läßt das Kauen sein.

Die Leinenmethode

Eine andere Möglichkeit, die gewohnten alltäglichen Arbeiten in Haus und Garten auszuführen und den Welpen trotzdem immer zu kontrollieren, ist in den USA gebräuchlich:

Der Welpe wird mit einer etwa zwei Meter langen Leine am eigenen Körper befestigt. Mit der Hilfe von Leckerli und positivem Zuspruch wird sich der kleine Aussie sehr schnell an diese Situation gewöhnen und seinem Menschen überallhin folgen. Der kleine Hund wird bei dieser Methode kontrolliert an viele unterschiedliche Dinge herangeführt und kann so ohne Gefahr und mit viel Unterstützung durch den Menschen viele positive Umwelterfahrungen machen.

Diese Methode fördert ganz extrem die Bindung des kleinen Aussies an seinen Menschen. Er lernt ganz nebenbei auch gleich, an der Leine zu laufen und auf Nennung seines Namens zu kommen. In ungewohnten Situationen findet der Welpe sofort Sicherheit und Unterstützung beim „Rudelchef". Der Mensch im Gegenzug kann neue Situationen einschätzen, bevor der Welpe damit unangenehme Erfahrungen machen könnte und entsprechend reagieren.

In der Zeit bis zum Alter von etwa 12 Wochen sollte der junge Aussie vor allen Dingen lernen, daß es immer dann positive Erfahrungen zu machen gibt, wenn sein Mensch dabei ist. Diese Leinenmethode ist dafür ideal.

Heranführen an neue Umweltreize

Besonders in der ersten Zeit stürmen viele neue Erfahrungen auf den kleinen Shepherdwelpen ein. Und der Welpe sollte die Möglichkeit erhalten, unbekannten Dingen neutral begegnen zu dürfen. Das heißt im Klartext: Zeigt der junge Hund gegenüber einem Gegenstand, einem Menschen oder einem fremden Hund ein Meidever-

Die erste Begegnung mit einem Pferd. Auf dem Arm vom „Chef" fühlt der Welpe sich sicher.
Foto: U. Schanz

halten – beispielsweise läuft er weg, oder zieht sich laut bellend zurück -, so sollte er auf keinen Fall gezwungen werden, sich dieser Situation erneut zu stellen.

Möglich und nötig ist jedoch, dem kleinen Hund zu zeigen, daß der bewußte Gegenstand oder die Situation eigentlich gar nicht so bedrohlich ist. Erschreckt sich der Aussie zum Beispiel vor einer „plötzlich aufgetretenen" Mülltonne, kann sein Mensch ihn zum einen verbal unterstützen und ihm die Zeit geben, zu diesem Gegenstand langsam und vorsichtig zurückzupirschen und ihn in Ruhe zu untersuchen. Verbal unterstützen bedeutet jedoch nicht, den kleinen Hund zu trösten. Im Gegenteil. Tröstende Worte in einem bedauernden Tonfall sind jetzt genau das, was der kleine Aussie nicht braucht. Wird seine Angst vom „Chef" bestätigt, wird die Situation erst recht bedrohlich für ihn. Richtig ist hier, den kleinen Hund mit fröhlichen und lauten Worten aufzubauen und ihm so zu zeigen, daß diese Mülltonne nun wirklich nichts ausrichten kann. Zusätzlich kann die Mülltonne sogar durch Leckerli schmackhaft gemacht werden.

Wird der Hund jedoch frei nach dem Motto „Stell Dich nicht so an" gegen seinen Willen herbei gezerrt, verstärkt das sein Meideverhalten und führt gleichzeitig zu einer Reduzierung des Vertrauens zum Menschen. Warum er gezwungen wird, ist für den Welpen nicht nachzuvollziehen und daher auch nicht verständlich. Der Australian Shepherd ist - in diesem Falle leider - ein intelligenter Hund. Er wird solche und ähnliche Handlungen spontan verknüpfen und sein weiteres Verhalten in neuen Situationen danach ausrichten. Eventuell formt der Mensch hier einen Hund, der später in einer unsicheren und für ihn kaum abschätzbaren Situation nicht mehr gelassen im Vertrauen auf seinen Menschen, sondern ängstlich oder sogar aggressiv reagiert.

Der junge Hund sollte aber als Konsequenz nicht in einem „goldenen Käfig" gehalten werden. Er muß, besonders in der Sozialisierungsphase bis zur 12. Lebenswoche, mit vielen Umweltreizen konfrontiert werden. Der Kontakt zu anderen Hunden und Menschen ist für ihn hierbei ebenso wichtig wie das Kennenlernen und Begehen unterschiedlicher Untergründe, Bewegungsformen (Menschen auf Fahrrädern etc.), Geräuschen und vielem mehr. Je mehr der Welpe als neutral oder positiv kennenlernt, desto eher ist er später allen möglichen Lebenslagen gewachsen. Wenig Erfahrungen führen zu Unsicherheit und Angst, viele positive Erfahrungen gemeinsam mit dem Menschen führen zu einem selbstsicheren Hund und zu einem vertrauensvollen Verhältnis zum Menschen.

Welpenspieltage

Der Besuch von Welpenspielgruppen ist nur zu empfehlen. Diese Gruppen werden inzwischen von sehr vielen Hundesportvereinen oder auf Privatinitiative durchgeführt. Hier lernen die Hunde, miteinander umzugehen. Gleichzeitig lernt der Mensch, seinen Hund in vielen Situationen zu kontrollieren. Eine gute Welpenspielstunde besteht immer aus mehr als nur dem Spiel der Junghunde unter sich. Dem kleinen Hund wird hier im optimalen Fall vielfältige Möglichkeit zur Umwelterfahrung geboten. Fahrradfahrer, ein Besuch auf dem Bahnhof, der Besuch eines lebhaften Marktplatzes und das Herumklettern auf einem wackligen Brett gehören deshalb ebenso zu einer guten Welpenspielstunde wie auch kleine Gehorsamsübungen und das Spiel der Hunde untereinander.

Frühe Kontakte zu anderen Hunden sind wichtig für jeden Welpen. Er muß ja auch das „Hund-sein" lernen und üben.

Foto: K. Vollberg

Wie sag' ich's meinem Hund?

Jetzt wird es theoretisch. Im folgenden Kapitel finden Kommunikation, Motivation, Triebförderung und viele andere schöne kynologische Fachwörter ihren Platz. Kaum ein Neu-Hundehalter wird diese Sprache bislang bewußt gehört, geschweige denn benutzt haben. Trotzdem sollte hier nicht nur durchgeblättert werden. Eine fundierte Ausbildung - sprich Erziehung - ist heute für jeden Hund ein Muß. Aus diesem Grund geht es im folgenden um den gehorsamen Aussie. Und zwar – genauer gesagt – um das „gewußt wie".

Ohne Kommunikation ist keine Ausbildung möglich. Aber warum? Die Erklärung hierfür ist im Fremdwörterlexikon zu finden: „Kommunikation = wechselseitige Verständigung". Mit dieser Übersetzung erschließt sich nun auch das Wesentliche einer guten Ausbildung: Eine gute, hundegerechte Ausbildung wird erst durch die wechselseitige Verständigung zwischen Mensch und Hund möglich.

Soziale Grundlagen in der Hundewelt

Die Verhaltensweisen jedes Hundes werden durch seine Natur bestimmt, die trotz seiner langen Lebensgemeinschaft mit dem Menschen immer noch sehr der des Wolfes bzw. des Wildhundes ähnelt.

Im allgemeinen gilt: Hunde sind Rudeltiere. Das bedeutet, daß das Überleben der Tiere ursprünglich durch das Leben im Rudelverband gesichert wurde. Sie verfügen aus diesem Grund über ein ausgeprägtes Sozialverhalten. Durch ihre Domestikation – ihr langes Zusammenleben mit dem Menschen – haben Hunde zusätzlich die Fähigkeit erworben, sich in jede Gemeinschaft mit sozialer Struktur – also auch in ein „gemischtes Hunde-Menschen-Rudel" - einzuordnen. Diese Fähigkeit zur Eingliederung in ein Rudel beruht insbesondere auf der genetisch fixierten Kommunikationsfähigkeit der Hunde, also sowohl ihrer Möglichkeit, sich anderen mitzuteilen als auch die Mitteilungen anderer zu interpretieren.

Wie aber „redet" unser Aussie? Im Groben unterscheidet man die Lautsprache, also knurren, bellen usw. und die Körpersprache des Hundes. Die Körpersprache macht den weitaus größten Teil des Verständigungsverhaltens des Hundes aus, ist aber beim Menschen oft nicht wirklich bekannt. Diese Art zu „sprechen" ist bei allen Hunderassen genetisch verankert – es ergeben sich also so gut wie keine Kommunikationsprobleme für Vertreter verschiedener Hunderassen. Fremdsprachen sind unbekannt.

Erst ein geschlechtsreifer Rüde hebt sein Bein. Wie hoch und was er hinterläßt, ist für jeden anderen Hund, der vorbeikommt, eine Nachricht. Foto: K. Vollberg

Übrigens: Viele wichtige Informationen anderer Hunde erhält unser Aussie auch durch die sogenannten Duftbotschaften, beim „Zeitunglesen" an der Hausecke. Die Geruchswelt des Hundes ist sehr komplex und eine wichtige Basis für die Verständigung von Hund zu Hund. Diese Basis wird uns Menschen immer verschlossen bleiben. Wir sind – aus Hundesicht – in dieser Beziehung quasi behindert.

Den Hund „lesen" lernen

Der Hund als soziales Tier ist bestrebt, mit seinen Rudelmitgliedern im gemischten Hund-Mensch-Rudel zu kommunizieren. Er tut dies so, wie er mit seinen Artgenossen „spricht", also überwiegend durch seine Körpersprache. Die Kommunikation des Menschen besteht jedoch überwiegend aus der Lautsprache, reduziert sich also fast ausschließlich auf Worte.

Nicht selten kommt es dann als letzte Konsequenz zu folgender, häufig gehörten Aussage von Hundebesitzern: „Mein Hund versteht nicht, was ich meine."

Wenn man das Kommunikationsverhalten der Hunde beobachtet, wird schnell klar, daß es dem Hund natürlich nicht möglich ist, sich auf unsere Verständnisebene hinauf zu begeben. Da es aber erst dann, wenn wir uns dem Hund mitteilen können, möglich ist, ihn zu bestimmten Handlungen zu bewegen, sprich: ihn auszubilden, müssen wir uns in logischer Konsequenz auf die Kommunikationsebene des Hundes hinab begeben, um uns

Alle Hunde der Welt verständigen sich in der gleichen Körpersprache. Hier wird fröhlich gespielt und nicht gestritten.

Foto: K. Vollberg

unserem Aussie verständlich zu machen. Voraussetzung dafür ist allerdings, daß wir lernen unseren Hund zu „lesen", und die vom Hund ausgesandten Körpersignale zu erkennen und zu verstehen.

Hunde benutzen ihren gesamten Körper, um Informationen über ihren sozialen Rang, ihre Stimmungslage oder ihre Wünsche mitzuteilen.

Die wichtigsten Kommunikationsvarianten in der Hundesprache sind:

- Rutenstellung
- Fell
- Ohrenstellung
- Körperhaltung/Mimik

Um einen Gesamteindruck vom Hund zu bekommen, müssen alle diese dem Hund zur Verfügung stehenden Kommunikationsmittel gemeinsam bewertet werden. Erst die Kombination der unterschiedlichen Komponenten Rute, Fell, Ohren, Körperhaltung/Mimik führt zu einem Gesamtbild der momentanen Stimmungslage des Hundes.

Wedelt ein Hund mit der Rute, signalisiert er seine momentane Stimmungslage und seinen sozialen Rang in sehr, sehr feinen Abstufungen.

Im allgemeinen gilt: Je freundlicher der Hund, desto mehr Rutenbewegung.

Wird die Rute aufgestellt und langsam hin und her bewegt, weiß der Hund noch nicht, wie er weiter vorgehen soll. Diese Art der Rutenhaltung ist Ausdruck eines inneren Konfliktes.

Eine hochaufgerichtete Rute signalisiert einen dominanten Hund oder einen Hund, der diese dominante Stellung behaupten will. Ist die Haltung des Hundes dabei verkrampft, signalisiert dies mögliche

Aggressionsbereitschaft.

Eine fast waagerecht, aber nicht steif getragene Rute signalisiert eine neutrale Stimmung. Der Hund ist zufrieden, selbstsicher oder interessiert. Auch ein Zeichen von Aufmerksamkeit.

Die zwischen den Beinen eingeklemmte Rute signalisiert Zurückhaltung bzw. Unsicherheit bis Angst.

Das Aufstellen des Felles dient beim Hund zur Unterstreichung und Verdeutlichung der Stimmungslage unseres Aussies.

Aufgestelltes Fell zwischen den Schulterblättern signalisiert Selbstsicherheit und Dominanz. Gemeinsam mit einer aufgestellten Rute ist es eine Drohgebärde, die mit dem langsamen Herabsinken der Rute an Intensität abnimmt.

Über den ganzen Rücken gesträubtes Fell ist beim Hund ein Zeichen für Unsicherheit und Ängstlichkeit. Aus dieser Unsicherheit heraus entstehen beispielsweise Wehr- (der sogenannte „Angstbeißer“) oder Meideverhalten (der Hund entfernt sich schnell vom Auslöser der Unsicherheit, wenn dies möglich ist, oder wendet zumindest deutlich den Kopf ab).

Gesträubtes Haar an der Rute ist immer ein Zeichen von möglicher Aggression.

Mit ihrer Ohrenstellung verfügen Hunde über ein breites Repertoire von „Stimmungsanzeigern“. Selbstsicherheit und Wachsamkeit signalisieren aufgestellte Ohren, wobei das nach vorne gedrehte Ohr ein Zeichen für höchste Wachsamkeit ist.

Wird das Ohr zur Seite gedreht, ist der Hund unsicher in seinem Verhalten.

Nach hinten angelegte Ohren bedeuten höchste Angriffsbereitschaft oder Unterwerfung.

Auch hier gilt: Die Gesamtheit der Körpersignale des Hundes ist entscheidend. Nur in Kombination mit Ruten- und Fellsignalen kann also beispielsweise ein angreifender Hund von einem sich unterwerfenden Hund unterschieden werden.

In ihrer Körperhaltung/-bewegung und Mimik verfügen Hunde über sehr viele feine Abstufungen. Gerade die Mimik eines

„Dusty“, 10 Mon. ist ganz Ohr und scheint darauf zu warten, wie es denn nun weitergeht.

Foto: K. Vollberg

Hundes kann sehr schnell wechseln, und es bedarf großer Übung, die Stimmungslage unseres Aussies nur anhand seiner Mimik zu erkennen. Mit Hilfe seiner Körperhaltung kann er eine Vielzahl von Stimmungen ausdrücken. Übermittelt werden hier meist soziale Informationen.

Das „Verbeugen", die Vorderläufe am Boden, das Hinterteil in der Luft. Dies signalisiert die Spielbereitschaft.

Das Auflegen des Kopfes oder einer Pfote auf den Rücken eines anderen Hundes bedeutet Dominanz oder das Anstreben einer höheren Rangstellung.

Mit aufrechter Körperhaltung und steifem Gang zeigt ein Hund seine Dominanz und seine Bereitschaft, seine Autorität - auch durch einen Kampf - nicht in Frage stellen zu lassen.

Die Triebe als Antrieb nutzen

Das „Lesen" unseres Aussies wird uns also über seine soziale Stellung und seine Stimmungslage wie auch über seine Wünsche informieren. Wir können unseren Hund verstehen. Wie aber versteht unser Hund uns?

An dieser Stelle soll einiges zur Grundmotivation der Hunde - der sogenannten „Triebe" - gesagt werden. Triebe setzen, ganz einfach gesagt, das Handeln des Hundes in Gang. Je höher das Triebniveau, sprich: die Motivation des Hundes, desto schneller und intensiver lernt der Hund. Das bedeutet eigentlich nur: Je mehr der Hund etwas besitzen will – sei es ein Beu-

Je mehr ein Hund etwas haben will, um so mehr strengt er sich an, es auch zu kriegen. Foto: K. Vollberg

teersatz/Spielzeug oder ein Leckerli – desto höher ist seine Motivation etwas dafür zu tun. Erreicht er sein Triebziel, bekommt er das Spielzeug/Leckerli, ist die Bestätigung für den Hund. Der Hund wird also für eine ausgeführte Handlung belohnt.

Die Triebe des Hundes sind daher - neben seiner Fähigkeit und seinem Willen zur Kommunikation - die entscheidenden „Werkzeuge" für eine hundgerechte Ausbildung durch den Menschen. Dies erscheint in dem Moment logisch, wo wir uns überlegen, daß sogar wir Menschen eine ungeliebte Arbeit dann ausführen, wenn wir hinreichend motiviert sind (meist durch eine entsprechend hohe Geldsumme...). Ist der Anreiz aber nicht hoch genug, wird die Arbeit meist nur schlecht oder gar nicht erledigt. Wieso sollte es unserem Aussie anders gehen?

Unterschieden werden unter anderem der Futtertrieb, der Beutetrieb und der Spieltrieb/ Kampftrieb.

Alle diese Triebe können in einer Ausbildung genutzt werden. Je nach Veranlagung des Hundes und der angestrebten Ausbildung ist die Ausnutzung des einen oder anderen Triebes ratsam.

Der Futtertrieb

Der Futtertrieb zählt zu den Selbsterhaltungstrieben und ist kaum trainierbar. Ein Hund frißt entweder gerne, oder er tut es eben nicht. Der Reizauslöser ist der Hunger des Tieres, das angestrebte Triebziel ist: Satt werden. Der Futtertrieb ist sicherlich zur Ausbildung eines grundsätzlich „verfressenen" Hundes sehr gut geeignet. Probleme treten dann auf, wenn der Hund keinen Hunger hat, da dann der Futtertrieb praktisch auf Null reduziert ist. In der Praxis kann dies tatsächlich bedeuten, daß ein über Futter trainierter Hund nicht herankommt, wenn er satt ist. Denn dann sind andere Dinge für ihn wichtiger (z.B. Sozialkontakte oder das ausgiebige Spiel mit anderen Hunden).

Der Beutetrieb

Der Beutetrieb ist das Bestreben des Hundes, alle Objekte, die Fluchttendenzen zeigen, zu fassen und festzuhalten. Er zählt zu den trainierbaren Trieben, d.h. der Hund kann durch gezielte Förderung lernen, ein bestimmtes Beutestück - beispielsweise eine Juterolle oder ein anderes Spielzeug - besitzen zu wollen.

Wie sieht diese Triebförderung nun in der Praxis aus? Die zur Ausbildung und zur Beutetriebförderung eingesetzten Schlüsselreize, die Auslöser des Verhaltens, sind dem Verhalten von echter Beute abgeleitet. Diese Beute bewegt sich immer vom Hund weg und ist in Bewegung. Der Ausbilder wird also versuchen, das Interesse des Hundes auf die Beute zu richten und den Hund zum Anbeißen bewegen. Beim Anbeißen wird der Hund anfangs sofort durch das Überlassen der Beute bestätigt. Der Hund „macht Beute" und darf sie tragen. Beim Beutespiel gewinnt der Hund immer. Erst, wenn der Hund sicher festhält, kann damit begonnen werden, dem Hund die Beute streitig zu machen (Das „Beute-Zerr-Spiel").

Die Vorteile einer Motivation über den Beutetrieb sind:

Der Hund wird immer beim Ausbilder bestätigt. (Förderung der Bindung Mensch-Hund durch das „Beute-Zerr-Spiel".)

Der Beutetrieb ist immer verfügbar und unterliegt keiner Schwankung (Hund wird nicht satt).

Ein unterwürfiger Hund kann durch das Überlassen der Beute aufgebaut werden. (Er hat „gewonnen".)

Einem dominanten Hund kann die Beute auch abgenommen werden. (Er „verliert" gegen seinen Menschen und die Rangordnung wird gefestigt.)

Die Beute fällt nicht in Krümelchen zu Boden und kann dort vom Hund ohne das Zeigen der erwünschten Handlung aufgenommen werden. (Beim Training mit Leckerli führt gerade das Herunterfallen sehr oft zu Problemen. Das kann soweit gehen, daß der Hund die Nase nur noch

Das Zerr-Spiel mit der Beißwurst ist eine Vorbereitung auf den Schutzhund-Sport. Foto: K. Vollberg

am Boden hat und nicht im entferntesten die erwünschte Aufmerksamkeit zum Ausbilder zeigt.)

Die Nachteile einer Motivation über den Beutetrieb sind:

1. Der Hund verknüpft eventuell Beute und Mensch und beginnt im Spiel deutlich zu fordern (der Hund schnappt nach dem Ärmel oder der Hose des Ausbilders). Dies muß sofort unterbunden und das Interesse des Hundes wieder ausschließlich auf die Beute gelenkt werden! Überprüfen kann man die Fixierung des Hundes, indem die Beute kurz etwa einen Meter weit weggeworfen wird. Will der Hund hinterher, stimmt die Fixierung, wenn nicht, läuft etwas falsch.

2. Die Motivation des Hundes wird zu sehr gesteigert. Der Hund ist so sehr auf das Besitzen der Beute aus, daß er „nichts mehr sieht und hört". Solche Hunde sind in der Hand eines erfahrenen Ausbilders sicherlich sehr gut zu trainieren, ein Anfänger jedoch ist überfordert. Ist der Aussie „übermotiviert", sollte er mit viel Ruhe und vor allem in kurzen Sequenzen trainiert werden (siehe auch: Regulierung des Triebniveaus in „Der Spieltrieb/Der Kampftrieb"). Auch die Bestätigung des Ausbilders muß kurz und ruhig ausfallen. Auf diese Weise bleibt das hohe Triebniveau erhalten und der Hund lernt nach und nach, sich zu konzentrieren.

Der Spieltrieb / Der Kampftrieb

Grundsätzlich gilt: Hat der Hund keinen Beutetrieb, so hat er auch keinen Kampftrieb. Der Kampftrieb resultiert aus Beute- und Spieltrieb. Auch er zählt zu den förderungsfähigen Trieben. Achtung: Kampftrieb ist nicht zu verwechseln mit dem Wehrtrieb eines Hundes. Unter Kampftrieb versteht man das Zerren beim Streitigmachen oder der Bewegung der Beute, der Wehrtrieb ist dagegen eine Reaktion auf eine direkte Bedrohung des Hundes. Motivation über den Wehrtrieb ist - wenn überhaupt - eine Sache für sehr erfahrene Ausbilder. Grundsätzlich hat eine Motivation über den Wehrtrieb in der heutigen Zeit jedoch keinerlei Ausbildungsrelevanz.

Der Auslöser für den Kampftrieb ist das Streitigmachen der Beute. Der Hund wird durch das „Beute-Zerr-Spiel" auf ein höheres Triebniveau gebracht – er will die Beute unbedingt besitzen – und er wird schließlich durch das Überlassen der Beute bestätigt. Das Triebniveau kann durch viel Zerren gesteigert, durch weniger Zerren gehemmt werden!

Grundsätzlich sollte ein Anfänger mit einer Beute- und Spieltriebförderung erst unter der Anleitung eines erfahrenen Trainers beginnen, der in diesem Bereich schon mit einigen Hunden gearbeitet hat.

Die Konditionierung

Die Triebe setzen das Handeln des Hundes und damit seine Reaktion auf seine Umwelt in Gang. Sowohl der Futtertrieb wie auch der Beutetrieb sind geeignete Hilfsmittel für uns Menschen, mit unseren Aussies zu kommunizieren – ihnen also zu verdeutlichen, was wir eigentlich von ihnen erwarten. Kurz gesagt: Wir haben die Aufmerksamkeit des Hundes, weil wir das besitzen, was der Hund sehr gerne hätte - sei es Beute oder Leckerli, und er wird einiges dafür tun, um es zu bekommen. Dies ist die Grundvoraussetzung für die Ausbildung eines Hundes.

Der eigentliche Lernvorgang des Hundes wird als Konditionierung bezeichnet. Bei der Ausbildung des Hundes unterscheidet man vor allen Dingen zwei Konditionierungsformen:

- Die klassische Konditionierung und
- die instrumentelle oder auch operante Konditionierung.

Die klassische Konditionierung ist für den Hund die leichteste Art zu lernen. Der Lernvorgang besteht darin, daß ein bis

„Winke, winke" – Tricks zu lernen macht dem Aussie Spaß, vor allem dann, wenn dabei auch noch Belohnungen zu verdienen sind. Foto: K. Vollberg

dahin neutraler = unbekannter Reiz (beispielsweise das Stimmkommando „Sitz“, das der Hund bis dato nicht kannte) mit einem reflexauslösenden Reiz verknüpft wird (die Hand mit dem Leckerli, die über die Hundenase nach hinten gezogen wird, worauf der Hund sich setzt) und schließlich selbst zum reflexauslösenden Reiz wird (es genügt nach mehrmaligem Üben das Stimmkommando „Sitz“, damit der Hund sich setzt). Die Konditionierung hat geklappt: Das Stimmkommando „Sitz“ veranlaßt den Hund sich zu setzen, weil er das Kommando mit seiner eigenen Bewegung verknüpft hat.

Ein großer Teil unserer Kommunikation mit dem Hund basiert letztendlich auf klassischer Konditionierung.

Bei der instrumentellen Konditionierung führt die Bestätigung oder Belohnung des gezeigten Verhaltens zur Verstärkung des Verhaltens. Setzt sich der Hund beispielsweise an die Haustür, um herausgelassen zu werden und hat mit dieser Handlungsweise Erfolg, wird er dieses Verhalten erneut zeigen, um wieder herausgelassen zu werden. Das Verhalten des Tieres ist hier also das „Instrument“, um einen von ihm angestrebten Zustand zu erreichen.

Mit Hilfe der instrumentellen Konditionierung ist es auch möglich, das Verhalten des Hundes zu formen (indem wir immer die Handlung des Hundes bestätigen, die dem von uns gewünschten Ziel am nächsten kommt, ein Lernziel, das nicht direkt zu erreichen ist, also in winzige Schritte aufteilt (Shaping genannt). Auf diese Weise können wir letztendlich das gewünschte Verhalten beim Hund erreichen.

Auch nicht erwünschtes Verhalten kann auf diese Weise – oft vom Menschen unbemerkt und ungewollt – verstärkt werden. Ein Negativbeispiel für diese Art der Konditionierung wäre folgendes: Bettelt der Hund bei Tisch - und erhält auch ein Bröckchen - wird er das erfolgreiche Verhalten immer wieder zeigen. Erreicht er sein Ziel nicht, wird er entsprechend seiner Veranlagung eventuell beginnen, deutlicher zu fordern. Beispielsweise kann er anfangen zu bellen. Erhält er dann wieder das Geforderte – damit er still ist, aus Menschensicht gesehen – hat er natürlich aus Hundesicht einen ganz anderen Schluß gezogen: „Ich muß bellen, dann bekomme ich etwas“. Eine weitere Steigerung durch eventuelle weitere Belohnungen können sehr schnell zu einem permanent bellenden Hund oder schlimmerem führen.

Ausbildung durch Spiel

Das Spielen mit dem Hund ist das einfachste und selbstverständlichste Mittel, mit unserem Aussie zu kommunizieren. Und das sollte weitaus mehr sein, als Bälle oder Stöcke für den Hund zu werfen. Wie langweilig muß diese immer wiederkehrende Handlung für den Hund sein, verglichen mit dem lebhaften und facettenreichen Spiel von Hunden untereinander. Beobachten wir ein Rudel Hunde auf einer Wiese werden schnell die unterschiedlichen Spielarten deutlich. Hier werden Renn- und Beutespiele gezeigt, plötzliches bewegungsloses Verharren gehört ebenso zum Spielverhalten, wie das „Durchstarten" zum Rennspiel. Diese Spiele können und sollten wir für unseren Hund imitieren und in unserer Ausbildung nutzen – auch, wenn wir dann nicht mehr ganz so seriös - aus Menschensicht - aussehen, wie sonst, der Hund wird begeistert sein. Es gibt im Fachhandel einige sehr gute Literatur zum Thema „Spielen und Motivieren". Einige dieser Bücher sind im Anhang aufgelistet.

Richtiges Spielen stärkt die Bindung des Hundes an seinen Menschen, es hält den Hund geistig aktiv. Das Spielen mit einem Spielzeug ist in der Ausbildung Anreiz und Ansporn für den Hund, das Spielzeug kann zur sofortigen Belohnung eingesetzt werden.

Folgende Grundregeln sind jedoch beim Vewenden eines Spielzeuges in der Ausbildung zu beachten:

Das Spielzeug gehört dem Ausbilder und steht dem Hund niemals zur freien Verfügung (sonst wird es schnell langweilig)

Das Spielzeug verschwindet immer dann plötzlich, wenn der Hund es unbedingt und ganz, ganz dringend haben möchte (so bleibt das Spiel interessant für den Hund, seine Motivation wird gesteigert)

Das Spiel ohne und mit Spielzeug kann in der Ausbildung meist problemlos miteinander verbunden werden. Ausbildung durch Spiel ist effektiv und hundegerecht und ein somit ausgezeichneter Weg zur Kommunikation mit dem Hund.

Für einige Übungen vom Obedience ist ein Spielzeug ein besseres Hilfsmittel in der Ausbildung als eine Futter-Belohnung.
Foto: U. Schanz

Der richtige Zeitpunkt für die Belohnung

Mit Hilfe eines Spielzeuges (oder eines Leckerli) können wir die Aufmerksamkeit unseres Australian Shepherd bekommen. Er ist motiviert, weil er dieses Spielzeug besitzen bzw. mit uns spielen möchte, kurz, er ist bereit mit uns zu „arbeiten". Jetzt kommt es auf unsere Fähigkeit, dem Hund deutlich zu machen, was genau wir von ihm wollen, an. Grundsätzlich kann ein Hund mit einem Spielzeug in viele verschiedene Körperpositionen gebracht werden. „Sitz", „Platz", das „Bei-Fuß-gehen", und das „Herankommen" können ohne Probleme mit einem Spielzeug verdeutlicht werden. Oberste Grundregel ist: Der Aussie bekommt seine Belohnung immer dann, wenn er genau das Verhalten zeigt, was der Ausbilder von ihm erwartet – und zwar genau dann, keine Sekunde früher und keine Sekunde später. Soll der Hund beispielsweise „Sitz" lernen, muß er auch im Sitzen belohnt werden, und nicht, wenn er schon aufgesprungen ist, oder sich noch nicht komplett gesetzt hat. Der Hund verknüpft eine Belohnung immer mit seinem momentanen Status.

Diese punktgenaue Bestätigung erfordert natürlich vom Menschen ein sehr hohes Maß an Aufmerksamkeit für den Hund und – die Fähigkeit, seinen Hund „lesen" zu können.

Und noch eine Bemerkung zum Schluß: Es gibt inzwischen zum Glück viele verschiedene gängige Trainingsmethoden, die allesamt auf Zwang und Kettenwürger verzichten und dem Hund mit Spaß und / oder Leckerli aufmerksam halten. Aber nach inzwischen fast zehn Jahren Ausbildungsarbeit mit Suchhunden für Sondereinsatzgebiete – und dieses Training erfordert einen sehr hohen Level an Motivation, Konzentration und Ausdauer vom Hund – kann ich nur eine Ausbildungsmethode empfehlen: Die eigene. Deutlicher gesagt: Es gibt keine Standardmethode, die immer funktioniert - außer der, die mit dem eigenen Hund erarbeitet wird. Jeder Hund ist ein Individuum, jeder Mensch ist ein Individuum und gemeinsam formen sie ein individuelles Team, das auch seine individuelle Trainingsmethode erarbeiten sollte.

Dumm gelaufen - der Ball, der gefangen werden sollte, ist zwischen Stamm und Stütze gelandet. Foto: K. Vollberg

Lachen mit dem Aussie

Dieser Titel scheint – zunächst – etwas absurd. Warum mit einem Hund lachen? Es soll hier aber deutlich gemacht werden, warum es erfrischend und auch oft nötig ist, mit oder über einen Hund im Alltag oder Training zu lachen – und warum eigentlich dabei nicht auch einmal über uns selbst?

Humor ist, laut dem Duden, eine heitere Art der Lebensbetrachtung. Und heiter sollte das Leben mit und für unseren Aussie sein. Also: Wann immer etwas im Alltag schiefläuft: Der Aussie kann nichts dafür.

Innerhalb kürzester Zeit hat der Aussie begriffen, wie „der Ball läuft", und dann kommt keiner mehr an ihm vorbei. Foto: K. Vollberg

Entweder war er überhaupt nicht beteiligt – etwa bei Ärger im Beruf – oder er war von uns nicht gut genug konditioniert und hat deshalb etwas nicht unterlassen, was er eigentlich nicht tun sollte.

Aber gerade diese „Pleiten und Pannen" machen das Leben mit dem Aussie so abwechslungsreich und spannend. Wenn ein mit Sahne beschmierter Welpe inmitten einer herrlichen Kuchenplatte steht und in zwei Minuten die gesamte Verwandtschaft angesagt ist, kann das eine Familienkatastrophe heraufbeschwören. Es kann aber auch damit enden, daß Welpe und Hausfrau sich lachend von den Sahneresten befreien und der frisch eingetroffene Schwager eben losfährt und neuen Kuchen besorgt.

Wenn sich ein trainierter und erfahrener Rettungshund in einer Prüfung entschließt, erst nach der verbalen Aufforderung seines Hundeführers „würdest Du bitte da bellen, wo ich das Kreuz gemacht habe!" ein laut vernehmliches „Wuff" von sich zu geben, hat dies zwar eine nicht bestandene Prüfung zur Folge, aber, was soll´s. Sowohl die Prüfer als auch alle Zuschauer, sowohl Hund und Hundeführer haben laut und herzhaft über diese Situation gelacht, die ja auch das gegenseitige Verständnis zeigt.

Jede Pannensituation hat also zwei Seiten: Eine scheinbar katastrophale und eine urkomische. Warum dann nicht die heitere Seite sehen?

Das Training des Aussies ist immer dann effektiv und „Aussiegerecht", wenn der Ausbilder in der Lage ist, seine eigenen menschlichen Launen in den Hintergrund zu stellen. Wenn dies einmal nicht möglich ist, sollte auch kein Hund trainiert werden. Die besten Ausbilder sind die, die einem Hund die Freude vermitteln können, die es bedeutet mit ihm zu arbeiten und mit ihm zusammenzuleben. Und gerade ein Hund wie der Australian Shepherd braucht dazu die heitere Art der Lebensbetrachtung.

Über die Intelligenz des Australian Shepherd

Der Aussie ist ein arbeitswilliger, eifriger Hund mit einer hohen „Arbeitsintelligenz".

Was aber bedeutet es, einen Hund mit hoher Arbeitsintelligenz zu besitzen?

Unter Arbeits- oder Gehorsamsintelligenz versteht der Fachmann im weitesten Sinne die Fähigkeit des Hundes, auf seine Signale und Befehle hin komplexe Gehorsamsübungen auszuführen. Wenn der Hund nämlich durch seine Reaktionen zeigt, daß er die entsprechenden Befehle verstanden hat, reagiert er auf unsere Kontrolle und Befehle und ist somit fähig, die Aufgaben zu erfüllen, die wir an unseren Hunden so schätzen.

Ein Hund mit einer hohen Arbeitsintelligenz wie der Australian Shepherd wird im Regelfall nach weniger als fünf Wiederholungen einer Übung einen Verständnisansatz erkennen lassen. Der Aussie wird sich an diese Übungen ohne große Probleme auch nach längerer Zeit noch erinnern. Er wird auch bei einem unerfahrenen Ausbilder sehr schnell lernen und spontan auf die Äußerung eines Befehls reagieren.

Ein wirklich effektives Training des Aussies ist aber erst dann möglich, wenn sich der Hundebesitzer auch über die ererbten Veranlagungen seines Hundes im klaren ist. Diese genetisch fixierten Anlagen des Hundes werden als „instinktive Intelligenz" bezeichnet. Der Aussie als Hütehund verfügt also im Normalfall über die „Programmierung" zum Einkreisen der Beutetiere, zum Treiben und Anstarren. Ebenso genetisch programmiert ist beim Aussie die Kontrolle durch das Alpha- oder Leittier bei der Abrufung der genetischen Verhaltensmuster (im Wolfsrudel koordiniert der Alpha-Wolf die Jagd). Das Alphatier Mensch kann also durch die hohe Arbeitsintelligenz den Hund leicht konditionieren und mit diesen erlernten Befehlen ein genetisches Verhaltensprogramm des Hundes steuern. Dies gilt sowohl für als auch gegen ererbte Verhaltensmuster. Ein Aussie kann daher sowohl lernen, ererbtes Verhalten auf Befehle hin zu zeigen, wie auch es nicht zu zeigen. Ein Hund, der z.B. aufgrund seines ererbten Verhaltens dazu tendiert, in die Hacken von Menschen zu beißen, kann mit Hilfe seiner Arbeitsintelligenz lernen, dies zu unterlassen.

Im allgemeinen lernt ein Hund mit hoher Arbeitsintelligenz sehr schnell. Er ist fähig, Umweltreize in kürzester Zeit mit den eigenen Handlungen zu verknüpfen. Dies erscheint zunächst einmal positiv, erstreckt sich natürlich aber auf alle Bereiche des Verhaltens, und damit auch auf von uns nicht erwünschte Handlungen.

Bei einem Hund wie dem Australian Shepherd muß der Mensch sich die Fähigkeit zum Vorausdenken bewahren. Schon eine Begegnung mit einem fremden aggressiven Rüden kann für den Aussie bei der nächsten Begegnung bedeuten: „Ich knurre lieber zuerst, dann passiert mir nichts." Ebenso aber auch „Ich laufe lieber weg, dann passiert mir nichts." Einmal passiert ist oft schon gelernt bzw. verknüpft. So hat eine intelligente Hunderasse ihre Vor- und Nachteile: Die Hunde lernen sehr schnell... aber eben alles.

Und noch eine wichtige Anmerkung: Ein intelligenter Hund ist immer noch ein Hund. Von ihm zu verlangen, daß er das Für und Wider einer Handlung aus Menschensicht abwägt, wäre vermessen. Auch für den Aussie gilt also: „Ein Hund ist ein Hund und bleibt ein Hund." – auch, wenn der Aussie manchmal mehr wie ein außerirdischer Besucher erscheint...

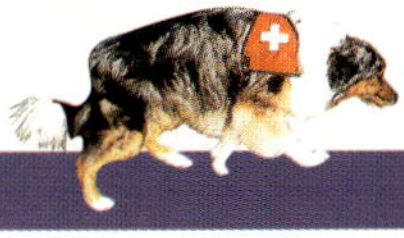

Ein Hund für viele Fälle

Die größte Befriedigung findet ein Australian Shepherd im Zusammensein mit seinem Menschen. Gerade die Zusammenarbeit im Team ist sehr wichtig für ihn. So ist es nicht verwunderlich, daß er neben dem Einsatz als Arbeits-und Sportpartner in Amerika immer mehr Beachtung in Sachen „soziale Dienste" findet. Viele speziell ausgebildete Australian Shepherds werden dort bereits als Blindenführhunde, Gehörlosenhund oder Behindertenbegleithunde eingesetzt.

Das freundliche Wesen prädestiniert den Aussie auch als „Besuchshund zu Therapiezwecken" in Altenheimen, Krankenhäusern oder Schulen. Seine Fähigkeit zum Mitdenken, seine Intelligenz und sein angenehmes Temperament machen ihn in all diesen Aufgabenbereichen (fast) unschlagbar. Jedem, der in Deutschland mit seinem Australian Shepherd aktiv werden möchte, bieten sich zahlreiche Möglichkeiten im sportlichen oder ehrenamtlichen Bereich.

Ob Joggen oder Inline-Skating, der Aussie hält immer Schritt.

Foto: U. Schanz

Spitze im Sport...

Der Australian Shepherd ist ein aktiver, sportlicher Hund und grundsätzlich zu allem bereit – solange sein Mensch auch mitmacht.

Voraussetzung für den Turnierstart in den meisten im folgenden genannten Disziplinen ist die Prüfung zum Begleithund (BH). Hierfür kann der Aussie-Besitzer grundsätzlich auf allen dem VDH (Verband für das deutsche Hundewesen) angeschlossenen Hundevereinsplätzen trainieren. Die Begleithundprüfung wird dort nach dem Reglement der F.C.I. abgenommen.

Die Begleithundeprüfung (BH)

Jeder Australian Shepherd – überhaupt jeder Hund - sollte über ein zuverlässiges Maß an Grundgehorsam verfügen, auch wenn er keine Aufgabe im sportlichen oder ehrenamtlichen Bereich bekommt. Eine Möglichkeit, dies zu dokumentieren ist die Absolvierung der Begleithundprüfung bei einem der Hundesportvereine. Sie setzt sich aus einem A-Teil und einem B-Teil zusammen, A = Unterordnungsleistungen des Hundes; B = korrektes Verhalten in Situationen im öffentlichen Verkehr. Vor der B-Prüfung im Straßenverkehr muß jeder Hund dem Wertungsrichter auf dem Trainingsplatz beweisen, wie gut er mit seinem Besitzer eingespielt ist. So muß er z.B. mit locker durchhängender Leine perfekt bei Fuß gehen, dabei Wendungen und verschiedene Gangarten seines Führers nachvollziehen und am Ende durch eine Personengruppe gehen. Wenn die gleiche Übung noch einmal ohne Leine durchlaufen wird, gibt ein Helfer zwei Pistolenschüsse ab, die den Hund aber nicht weiter stören dürfen. Nerven muß der Hund auch in der Verkehrsprüfung beweisen. Ihn dürfen weder nah vorbeifahrende, klingelnde Fahrräder, hupende Autos, lärmende Kinder oder vorüberlaufende Hunde aus der Ruhe bringen. Die Prüfung zum verkehrssicheren Begleithund darf ein Hund frühestens im Alter von 12 Monaten ablegen.

Bei der Auswahl des richtigen Hundesportvereins für die Ausbildung hilft der gesunde Menschenverstand. Werden die Kommandos nur geschrieen und der Aussie belächelt, weil er „für den Schutzdienst sowieso nicht taugt“, sollte dieser Platz gleich von der Auswahlliste gestrichen werden. Besonders zu empfehlen sind Trainer, die schon Erfahrungen im Umgang mit Hütehunden haben und die ihre eigenen Hunde sicher und ruhig führen. Im Vordergrund steht bei diesem Training – wie immer beim Umgang mit unserem Aussie – Spaß, Spaß, Spaß. Ist dieser Spaß nicht gegeben, wird das Training auf dem Hundesportplatz zur Qual für Mensch und Hund – und das darf es nicht sein.

Ein „Streichel-Überfall“ von Kindern ist nicht Teil der BH-Prüfung, aber auch da behält ein selbstbewußter Hund die Nerven. Foto: K. Vollberg

Agility

Sport Nummer 1 für den Australian Shepherd ist natürlich Agility. Diese „Behendigkeit auf sechs Beinen" wurde in den letzten Jahren auch in Deutschland sehr populär.

Agility stammt ursprünglich aus Großbritannien und ist dort so bekannt und beliebt, daß einzelne Turniere im Fernsehen übertragen werden.

Ziel dieses Sportes ist im weitesten Sinne das schnelle und möglichst fehlerlose Überwinden eines abgewandelten Pferde-Parcours „en miniature".

„Diese Disziplin setzt eine gute Harmonie zwischen dem Hund und seinem Führer voraus und endet in perfektem Einvernehmen in ihrer Gruppe..." (Auszug aus dem Agility-Reglement des Deutschen Verbandes der Gebrauchshundsportvereine e.V.). Das Gelände für einen Agility-Parcours muß laut Reglement mindestens 20 mal 40 Meter groß sein. Die zu bewältigende Strecke und die Anzahl und Art der Hindernisse richten sich nach der Kategorie der Prüfung. Die Strecke kann bis zu 200 Meter lang sein und bis zu 20 Hindernisse beinhalten. Der Streckenverlauf selber wird in einem Turnier vom Richter bestimmt, kann und sollte sogar ständig wechseln.

Die Hindernisse selbst sind sehr vielfältig. Die Kontakthindernisse sind Hindernisse, über die ein Hund laufen oder klettern muß. Der erste und letzte Meter der Lauffläche sind farbig markiert und müssen vom Hund bei jeder Überquerung mit mindestens einer Pfote berührt werden. Geschieht dies nicht, erhält der Hund Fehlerpunkte. Er soll nicht oberhalb dieser Zonen abspringen, weil das Verletzungsrisiko sonst zu hoch ist. Kontakthindernisse sind der Laufsteg, die Schräg- oder A-Wand und die Wippe. Eine weitere Hinderniskategorie sind die Sprünge. Hier unterscheidet man

Die Wippe kippt durch das Gewicht des Hundes, wenn er über die Planke geht. Er darf nicht vor dem roten Endstreifen abspringen. Foto: U. Schanz

Planken, Einzelstangen oder Gatter, Mauer oder Bürstenhürde sowie den Weitsprung. Der Hund soll diese Sprünge frei überwinden, d.h. keine Pfote aufsetzen.

Eins der schwierigsten Hindernisse im Agility ist der Slalom. Acht bis zwölf mindestens 100 cm hohe Stangen sind in einer geraden Linie mit einem Abstand von 50 bis 65 cm im Boden befestigt.

Vom Hund wird erwartet, daß er sich, immer beginnend mit dem ersten Pfahl zu seiner Linken, durch diese Stangenlinie „hindurchfädelt", ohne dabei eine Stange auszulassen.

Weitere Agilityhindernisse sind der Reifen, der Tisch und die verschiedenen Tunnel. Bevor mit der intensiveren Agility-Ausbildung begonnen wird, sollte der Aussie im Hinblick auf seine körperlichen Schwächen – wie etwa die Hüftgelenksdysplasie (HD)– untersucht werden. Diesen Sport mit einem nicht ganz gesunden Hund zu betreiben ist schlicht unfair. Die Ausbildung an den Sprüngen darf erst mit einem mindestens einjährigen Hund begonnen werden, dessen Bänder und Knochen sich bereits ausreichend gefestigt haben.

Agility ist der perfekte Team-Sport – und von daher ideal für den Australian Shepherd. Während des Trainings lernen Hund und Hundeführer, aufeinander zu achten, sich zu verständigen und zu vertrauen.

Das Agility-Training bedeutet Spaß, Spaß, Spaß verbunden mit Präzision und Schnelligkeit. Körperliche und geistige Fitneß werden hier genauso trainiert wie Konzentrationsfähigkeit.

Die Mitte des Reifendurchmessers ist 80 cm vom Boden. Solche Sprünge sind nur etwas für erwachsene und gesunde Hunde. Foto: K. Rutschek

Agility wird heute auf vielen Gebrauchshundeplätzen genauso selbstverständlich angeboten wie Breitensport oder Welpenspielstunden.

An offiziellen FCI-Agility-Veranstaltungen dürfen über 15 Monate alte Hunde, die in ein von der FCI anerkanntes Zuchtbuch eingetragen sind, teilnehmen. Der Eigentümer des Tieres muß Mitglied in einem dem FCI angeschlossenen Verein sein. Mischlinge oder Hunde, die nicht in ein FCI-anerkanntes Zuchtbuch eingetragen sind, dürfen an internationalen Wettkämpfen nicht teilnehmen.

Flyball

Flyball ist– ein Staffellauf für Hunde, der ursprünglich aus den Vereinigten Staaten stammt. Zwei Mannschaften, bestehend aus je vier Hund-Menschen-Teams, lassen ihre Hunde um den Sieg laufen. Der einzelne Hund überwindet eine gerade Strecke mit vier niedrigen Sprunghürden und kommt zu einer Ballwurfmaschine für Hunde. Mit seiner Pfote löst der Hund den Ballwurf aus, fängt den Ball und trägt ihn die Laufstrecke über die vier kleinen Hürden, zurück zu seinem Menschen. Ist er angekommen, startet der nächste Hund aus seiner Mannschaft. Jeder Hund, der einen Fehler macht, den Ball nicht fängt oder die Hürden nicht komplett überwindet, muß noch einmal starten. Flyball ist eine Spaßsportart für schnelle, athletische Hunde und begeisterungsfähige Menschen. Inzwischen verfügen einige Hundesportvereine über eine Flyballmaschine.

Mit diesem Sport sollte, ebenso wie Agility nicht begonnen werden, ehe der Hund voll ausgewachsen und gefestigt ist. Wichtig ist, den Hund so zu trainieren, daß er motiviert, aber nicht übermotiviert ist. Der Hund muß lernen, Sprünge zu überwinden, eine Flyballmaschine zu bedienen, den Ball zu fangen und ihn auch im Sprung zu tragen. Er darf sich dabei nicht von anderen Hunden ablenken lassen.

Schutzdienst und Fährtenarbeit

Grundsätzlich ist der Australian Shepherd ein Hütehund mit Schutztendenzen, aber kein Dienst- oder Gebrauchshund. Aus diesem Grund sollte von einer Ausbildung zum Schutzhund Abstand genommen werden. Wenn es aber unbedingt doch sein soll, den Hund bitte nur über den Beute- und auf keinen Fall über den Wehrtrieb motivieren. Jeder gute Figurant (das ist der Ausbilder im Beiß-Schutzanzug) wird den Hund auf den Schutzdienstärmel – und nur auf den Ärmel – fixieren. Nur so wird der Schutzdienst zum Beutespiel. Wird über den Wehrtrieb motiviert, so wird der Hund aus einer Notsituation heraus in den Ärmel beißen. Derart trainierte Hunde können im täglichen Umgang sehr

Frisbee: die fliegenden Scheiben können für einen Australian Shepherd zur Leidenschaft werden.

Foto: U. Schanz

Bei der Fährtenarbeit sucht der Hund mit „tiefer Nase" nach der Duftspur im Gras.

Foto: K. Vollberg

gefährlich sein. Auf jedem Schutzhundeplatz wird - vielleicht als Alternative - auch die Fährtenarbeit angeboten. Der Australian Shepherd hat eine ausgezeichnete Nase und wird sich freudig zur Fährtenarbeit heranziehen lassen. Voraussetzung hierfür ist, daß der Hundeführer bereit ist, am Sonntagmorgen um 8.00 Uhr über ein schlammiges Feld zu stapfen, 30 Minuten lang eine Fährte zu legen, die der Hund anschließend in 3 Minuten ausgesucht hat.

Obedience

Obedience („Gehorsam") ist eine in Deutschland noch wenig bekannte Hundesportart aus dem Land des Hundesports: aus Großbritannien. Obedience gleicht in den Grundzügen der gängigen, auf den Gebrauchshundeplätzen praktizierten Unterordnung – aber eben nur in den Grundzügen. Verlangt werden auch das „Bei-Fuß-Gehen", „Sitz", „Platz" sowie das „Voraussenden", das „Apportieren" und vieles mehr, aber die verlangten Übungen werden von den Hunden mit ununterbrochenem Blickkontakt und außerdem sehr präzise und akribisch ausgeführt. Außerdem kann der Ablauf der einzelnen Übungen nicht auswendig gelernt werden: Der Wertungsrichter sagt während der Prüfung an, was Hundeführer und Hund wann und wie tun sollen. Gezeigt werden soll nicht nur das Können, das Beherrschen von Gehorsamsübungen, sondern ein perfekt eingespieltes, vollendet harmonisches Team, bei dem sowohl Mensch wie Hund konzentriert und hochmotiviert bei der Sache sind. Zum Kennenlernen von Obedience eignen sich hervorragend die mittlerweile auch in Deutschland angebotenen Seminare. Ansprechpartner für die Termine ist der VDH oder die einzelnen Rassehundeclubs (Adressen im Anhang).

Der Australian Shepherd ist für diesen neuen Hundesport prädestiniert, weil er leicht zu motivieren und begeisterungsfähig ist. Jeder Hundeführer mit Hang zur Präzision sollte Obedience zumindest einmal gesehen, wenn nicht sogar ausprobiert haben.

Hüten mit dem Australian Shepherd

Der Hütetrieb ist beim Australian Shepherd genetisch fixiert und über viele Jahre selektiver Zucht verstärkt worden.

Betrachtet man die wölfische Jagdtaktik, wird schnell die Ähnlichkeit der Verhaltensmuster von Aussie und Wolf deutlich. Das oder die Beutetiere werden mit den Augen tiefgeduckt fixiert und durch Umkreisen am Weglaufen gehindert. Auf diese Weise erfolgt bei den Wölfen das Treiben in Richtung des Wolfes, der aufgrund seiner Erfahrung und Körperkraft am ehesten dazu in der Lage ist, die Beute zu erlegen. Unter Umständen erfolgt dieses Treiben auch durch deutliche Aufforderung wie das Schnappen nach den Fesseln der Tiere. Diese typischen Verhaltensweisen sind dem Australian Shepherd angeboren. Sie müssen durch gezieltes Training in die richtigen Bahnen gelenkt werden.

Auf Zuruf oder auch ein Pfeifsignal aus weiter Entfernung, stoppt der Aussie sofort, macht „Platz" und wartet bis er wieder eingreifen darf. Foto: K. Vollberg

Die Aufgaben eines Hütehundes sind vielfältig. Von ihm wird verlangt, die Tiere auf Zuruf über eine längere Strecke zu treiben, einzelne Tiere auszusondern und dem Schäfer den Zugriff darauf ermöglichen. Je nach Art des zu treibenden Viehs wird vom Hund erwartet, seine Arbeitsweise anzupassen. Widerspenstige Rinder können deutlich schärfer angegangen werden; Mutterschafe mit Lämmern sollten nachgiebig und vorsichtig getrieben werden. Ein gut ausgebildeter Hund ersetzt bei der Hütearbeit mehr als nur einen Menschen. Anders als bei den Hirtenhunden, die zum Teil mit den Schafen aufwachsen - und ihnen auch äußerlich gleichen wie beispielweise der Kuvaz oder der Owtscharka -, darf der Hütehund grundsätzlich keine „Freundschaft" mit den Schafen schließen.

Das wohl wichtigste Kommando, das der Hund bei der Arbeit an den Schafen und anderem Vieh beherrschen muß, ist „Platz", das Ablegen auf Entfernung. Der Hund muß mit diesem Befehl zuverlässig gestoppt werden können.

Zwei andere wichtige Kommandos sind „Rechts" und „Links". Sie ermöglichen es dem Hundeführer, seinen Hund auf die entsprechende Seite der Herde zu schicken. Beide Stimmkommandos müssen vom Hund gut zu unterscheiden sein, also in unterschiedlichen Stimmlagen gegeben, oder mit Zusätzen versehen werden wie etwa „Nach rechts“ oder „Geh links“.

Das Training am Vieh sollte mit dem Aussie nicht zu früh begonnen werden. Erst mit etwa acht bis zwölf Monaten sollte er das erste Mal zum Vieh gelassen werden. Interessenten an der Hütearbeit können an den angebotenen Hüteseminaren der Australian Shepherd Association Germany (ASAG) bzw. der Arbeitsgemeinschaft Border Collie Deutschland e.V. (Adressen im Anhang) teilnehmen, wo auch ein Aussie immer wieder gerne gesehen ist.

Die Arbeitsgemeinschaft veranstaltet außerdem Hütetrails, wo man als Zuschauer viele gute Hunde bei der Arbeit bewundern oder als Teilnehmer die Arbeit des eigenen Hundes in den Wettbewerb mit anderen Hüteenthusiasten stellen kann.

Reitbegleithund

Die ersten Australian Shepherds wurden vermutlich mit den Quarter Horses aus Amerika importiert. Seitdem sind die „bunten Hunde“ besonders bei Western- und anderen Freizeitreitern als Reitbegleithunde sehr beliebt und geschätzt.

Von einem Reitbegleithund wird erwartet, daß er auch vom Pferderücken aus von seinem Menschen gut lenkbar ist. Er sollte sich nicht zu weit von Pferd und Reiter entfernen, aber auch nicht zu nah am Pferd laufen. Vor allen Dingen aber muß der Hund wildsicher sein. An dieser Stelle einige Worte zu Hüte- und Jagdtrieb. Wie bereits im vorherigen Kapitel zu lesen war, ähnelt die Hütetechnik des Aussies sehr der wölfischen Jagdtechnik, einzig die letzte Konsequenz, das Beutefangen wurde durch selektive Züchtung entfernt. Anzunehmen, daß der Australian Shepherd keinerlei Trieb hätte, flüchtendem Wild hinterherzugehen, wäre also falsch.

Ohne diesen Trieb wäre er auch kein Hütehund. Doch dem Aussie läßt sich aufgrund seiner sonstigen Wesensveranlagungen bedeutend leichter als einem Jagdhund klar machen, daß sein Mensch dieses Verhalten nicht wünscht. Aber erklärt werden muß es ihm, sonst ist auch der Aussie unter Umständen verschwunden und taucht nach einigen Minuten (oder mehr...) mit einem breiten Hecheln im Gesicht glücklich wieder auf. Ein Reitbegleithund sollte das Ablegen auf Entfernung beherrschen, möglichst auf Zuruf von einer Pferdeseite zur anderen wechseln können und natürlich auf Zuruf zuverlässig herankommen. Schnappt der Hund nach Fesseln oder Schweif des Pferdes, muß das sofort energisch unterbunden werden.

Es könnte ihn das Leben kosten. Grundsätzlich ist ein Ausritt mit Pferd und Hund nur dann ein großer Spaß, wenn die beiden Tiere sicher beherrscht werden. Längeres Laufen am Pferd – ebenso wie das Laufen am Fahrrad - sollte dem Aussie erst nach Vollendung des ersten Lebensjahres abverlangt werden (siehe auch „Konditionstraining für den Hund“).

Ein gut ausgebildeter Aussie nimmt evtl. aufspringende Hasen (fast) nicht zur Kenntnis.

Foto: U. Schanz

Retter und Helfer...
Die Ausbildung zum Rettungshund (Vermisstensuchhund)

Ein ideales Betätigungsfeld für alle Menschen, die sich nichts Besseres vorstellen können, als viele, viele Stunden mit ihrem Aussie in Kälte, Regen und Matsch zu verbringen. Rettungshund und Hundeführer formen im Laufe ihrer Ausbildung erfahrungsgemäß immer ein besonders eingespieltes Team, denn bei dieser Arbeit ist einer auf den anderen ganz extrem angewiesen. Rettungshundeführer, die ihre Aufgabe ernst nehmen, sind meist Fanatiker und Perfektionisten in Sachen Hund. Ihre Hunde sind fast immer ebenso fanatisch und meist Perfektionisten in Sachen Mensch. Ich selbst habe während meiner Ausbildungstätigkeit schon einige Australian Shepherds bei der Suche nach Vermißten beobachten können und war immer beeindruckt von ihrer außergewöhnlichen Leistungsfähigkeit, ihrer guten Nasenveranlagung und Triebstärke. Zusätzliche Pluspunkte, die für einen Aussie als Rettungshund sprechen, sind zum einen die ideale Größe und Fellänge, zum anderen die Trittsicherheit, Ausdauer und die außgewöhnlich hohe Veranlagung zur Zusammenarbeit dieser Rasse.

Ein Rettungshund sucht nach überlebenden oder vermißten Menschen in Katastrophengebieten oder in der Fläche. Das kling relativ einfach.

Jedoch in schwierigen Schadenslagen – beispielsweise nach einer Gasexplosion oder einem Bergwerksunglück - ist die Rettung Verschütteter ohne qualifizierte Ortung (die genaue Lokalisierung der Opfer) nicht möglich. Meist ist es hier eine

Ein Rettungshund begibt sich oft in Situationen, in denen schon ein falscher Schritt für ihn gefährlich sein kann.

Foto: K. Vollberg

Kombination von Bergungsspezialisten, hochqualifizierten Rettungshunden und technischen Ortungsgeräten, deren Zusammenspiel bei vermißten oder verschütteten Personen in schwierigsten Lagen einen Rettungserfolg verspricht. Wie schon die Reihenfolge in dieser Aufzählung zeigt: Es ist die optimale Kombination der Ausbildungen von Hundeführer und Hund, die hier gefragt ist.

Der Australian Shepherd stellt hier nur einen Teil des Einsatzteams. Bei der Ausbildung zum Rettungshund ist es vor allem der Teamkollege Mensch, der gefragt ist. Denn die Rettungshundearbeit ist kein Sport, sondern eine äußerst verantwortungsvolle Tätigkeit, bei der der Hundeführer professionell arbeiten muß.

Neben der Hundeausbildung nimmt ein ehrenamtlicher Rettungshundeführer zusätzlich eine etwa dreijährige theoretische Ausbildung in Kauf. Diese Ausbildung umfaßt Fächer wie Kartenkunde und Umgang mit dem Kompaß, Wetterkunde und einer umfassenden Erste-Hilfe-Ausbildung auch Trümmerkunde, Einsatztaktik- und -leitung, Funken, gesetzliche Grundlagen des Katastrophenschutzes sowie Grundkenntnisse der Bergung und vieles mehr. Der Hundeführer ist also letztendlich nur zu einem sehr kleinen Teil wirklich im Einsatz.

Da ein Suchhund immer nur über eine kurze Zeitspanne (je nach Wetterlage 20 Minuten bis 2 Stunden) eingesetzt werden kann, übernimmt der Hundeführer während der Ruhepausen des Hundes organisatorische Aufgaben im Bereich der Einsatzleitung – vom Kaffeekochen bis zum Funkverkehr, um nicht untätig zu sein.

Unterschieden werden die folgenden Haupteinsatzgebiete der Rettungshunde:

· Suche in der Fläche
Wohl am häufigsten kommen Rettungshunde in der sogenannten Flächensuche in unwegsamem Gelände oder Wäldern bei der Suche nach verirrten oder suizidgefährdeten Personen zum Einsatz. Hier wird vom Hund erwartet, daß er das angegebene Suchgebiet in großen Schleifen abreviert und seinem Hundeführer einen eventuellen Fund durch Bellen oder andere Verweisarten anzeigt. Der Hundeführer muß dabei sein Suchgebiet so einteilen, daß der Hund es in möglichst kurzer Zeit komplett absuchen kann.

· Trümmersuche
Von Trümmersuche wird immer dann gesprochen, wenn der Suchhund verschüttete Personen orten soll. Die Gefährdung für Hund und Hundeführer ist bei einer Trümmersuche extrem hoch.
Jeder kann sich wohl vorstellen, wie ein von einer Gasexplosion zerstörtes Haus aussieht. Ein Trümmersuchhund arbeitet - anders als ein Flächensuchhund - in einem weitaus kleineren Bereich. Er muß sehr gut lenkbar sein und darf sich auch von lauten Geräuschen und den vielen anderen Störfaktoren auf einem Trümmergelände nicht ablenken lassen. So kommt es im Einsatz sehr oft vor, daß der Hund um eine arbeitende Bergungsmannschaft herum suchen muß. Die Belastung und der Einsatzstreß sind auch aus diesem Grunde für Hund und Hundeführer extrem hoch.

· Wassersuche
Wassersuchhunde werden zur Ortung ertrunkener Schwimmer oder vermißter Taucher seit etwa zwei Jahren in Deutschland ausgebildet und eingesetzt.

Bei dieser Suchart arbeitet der Hund vom Boot aus und zeigt die Geruchsquelle durch Bellen oder durch Scharren auf dem Bootsboden an.

Die tiefste bekannte und bestätigte Wasserortung wurde bisher von Wassersuchhunden des Technischen Hilfswerks im 60 Hektar großen Arendsee in Sachsen-Anhalt vorgenommen. Die Hunde zeigten an der Wasseroberfläche an und der gesuchte und bereits vier Wochen lang vermißte Taucher konnte daraufhin aus 39 Metern Wassertiefe von Marinetauchern geborgen werden.

Für die Ausbildung zum Wassersuchhund sollten nur bereits komplett ausgebildete Trümmersuchhunde in Frage kommen.

· Leichensuche
Zur Suche nach toten Personen sind grundsätzlich nur die speziell ausgebildeten Hunde von Polizei und Grenzschutz qualifiziert.

Erst wenn diese nicht verfügbar sind, kommen eventuell Rettungshundestaffeln zum Einsatz. Grundsätzlich sollten in diese Einsätze nur erfahrene Suchhunde kommen, die bereits mit Totfunden vertraut sind.

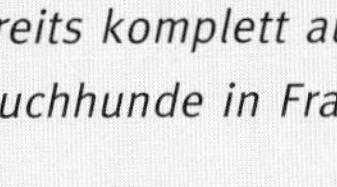

Hat der Rettungshund ein Opfer gefunden, ruft er durch lautes Bellen seinen Hundeführer heran.

Foto: K. Vollberg

Grundsätzliche Voraussetzungen, die der Hund mitbringen muss

Ein zukünftiger Rettungshund sollte über genügend Temperament und Ausdauer im Spielen verfügen. Er sollte über einen guten Beutetrieb verfügen, denn dies wird später die Grundlage der Ausbildung sein. Ein zukünftiger Rettungshund sollte geräuschsicher sein. Dies bedeutet jedoch nicht, daß sich der Hund nicht erschrecken darf - entscheidend ist vielmehr, wie schnell der Hund seine Angst überwindet und sich bewegen läßt, zur Quelle des Schreckens

Ein Rettungshund muß sehr belastbar und in der Lage sein, sich auch in unwegsamem Gelände zurechtzufinden

Foto: K. Vollberg

zurückzukehren, um diese dann schließlich neutral zu betrachten. Der Hund sollte bei leichtem Streß (Geräusche oder Menschengruppen, unbekanntes Gelände usw.) weder passiv noch aggressiv reagieren und auch kein Meideverhalten zeigen.

Ausbildung

Die Ausbildung zum Rettungshund sollte niemand auf eigene Faust versuchen. Zuständig hierfür sind die dem Katastrophenschutz angeschlossenen Hilfsorganisationen wie beispielsweise das Deutsche Rote Kreuz, das Technische Hilfswerk oder die Johanniter Unfallhilfe. Alle diese Organisationen halten Rettungshundestaffeln bereit und bilden Hunde und Hundeführer aus. Je nach Organisation und Prüfungsordnung legt der Hundeführer eine oder mehrere Prüfungen ab. Hund und Hundeführer weisen auch nach Bestehen der Rettungshundeprüfung jährlich ihre Qualifikation in einem Leistungstest nach, um den hohen geforderten Standard bei den Rettungshunden zu halten.

Grundsätzlich besteht die Ausbildung des Hundes zuerst einmal in der Beutetriebförderung, gefolgt von der Suche nach dem Hundeführer. Später werden dann nur noch Fremdpersonen gesucht. Je nach Ausbildungsstand der Hunde werden Verstecke unter der Erde, in Augenhöhe der Hunde oder sogenannte Hochverstecke weit über der Augen- und Nasenhöhe der Hunde für die Ausbildung gebaut.

Ein guter Ausbilder wird den Hund Schritt für Schritt an die Arbeit heranführen. Wie in jeder Ausbildung gilt auch hier ganz besonders: „Vom Leichten zum Schweren und vom Bekannten zum Unbekannten.“

Rettungshund und Hundeführer unterliegen – besonders im Einsatz – einem sehr hohen Streß. Dessen sollte sich jeder, der diese Ausbildung beginnen möchte, bewußt sein. Unter Umständen entscheidet ihr Können, ihre Nervenstärke hier über Leben bzw. Überleben eines Menschen. Aus diesem Grunde hier noch einmal ganz deutlich: Bei der Rettungshundearbeit handelt es sich nicht um einen Sport, man erhält auch keine Pokale. Diese Arbeit ist eine äußerst verantwortungsvolle, ehrenamtliche und außerdem noch zeitintensive Tätigkeit für Hundefanatiker mit Hang zur Selbstaufgabe.

Hunde als Helfer in der Therapie

Das Zusammenleben von Mensch und Hund hat sehr positive soziale, körperliche und psychische Auswirkungen. Leider ist der Einsatz von Hunden in der Therapie seelisch oder körperlich kran-

Ein guter Therapiehund ist die Ruhe in Person, durch nichts zu erschüttern, und eine „Schmusekatze“. Foto: K. Vollberg

ker, behinderter oder alter Menschen in Deutschland – im Gegensatz zu den Vereinigten Staaten – noch weitgehend unbekannt. Therapiehunde sind „Streichelhunde“ und haben nur durch ihr Dasein für und ihre Kommunikation mit den Patienten soziale und starke emotionale Wirkung. Sie beruht hauptsächlich auf der Tatsache, daß Hunde enge Bindungen mit Menschen eingehen. Der Besuchshund ist außerdem häufig ein Gesprächsthema zwischen Patienten und/oder dem Hundehalter, hilft also, Kontaktängste abzubauen und auch auf diese Art aus der Isolation einer Klinik oder eines Altenheimes heraus.

Die Arbeit eines Therapiehundes ist ehrenamtlich und sollte über eine Organisation laufen und nicht auf eigene Faust geplant werden.

Grundsätzliche Voraussetzungen, die der Hund mitbringen muss

An den Therapiehund an sich werden hohe Anforderungen gestellt. Der Hund muß eine hohe Reizschwelle haben, um alle auf ihn einstürmenden Eindrücke gelassen zu ertragen. Viele Menschen fassen ihn plötzlich und oft ungewohnt heftig an, er wird von Menschen umringt, und zusätzlich noch mit vielen unbekannten Eindrücken wie beispielsweise Rollstühlen, glatten Böden, automatischen Türen und unbekannten Gerüchen konfrontiert. Alle diese Eindrücke muß der Therapiehund gelassen ertragen. Ein Therapiehund sollte weder hyperaktiv sein noch gerne bellen. Er muß sich sehr friedfertig gegenüber Artgenossen verhalten. Ein Therapiehund muß weit mehr als nur menschenfreundlich sein, er sollte die Zuwendung des Menschen von sich aus einfordern und auch genießen. Zu guter Letzt muß der Therapiehund auch sehr gut erzogen sein, also etwa die Begleithundprüfung oder ähnliches absolviert haben.

Daß der Hund grundsätzlich körperlich gesund, frei von Parasiten und regelmäßig geimpft sowie haftpflichtversichert sein muß, versteht sich von selbst.

Der Ausstralian Shepherd ist aufgrund seiner Wesensveranlagung, seines Aussehens und seiner Größe grundsätzlich für die Arbeit als Therapiehund geeignet. Interessenten für diese Arbeit können bei den im Anhang genannten Adressen nähere Angaben zur Therapiehundearbeit anfordern.

Mit dem Hund unterwegs

Der Aussie im Auto

Die überwiegende Zahl der Unfälle mit Hunden sind auf fehlerhaftes Verhalten des Hundehalters zurückzuführen. Laut Statistik der Tierversicherer resultieren nur 8 von 100 aller Unfälle aus einem Fehlverhalten des Hundes.

Eine große Zahl von Unfällen passiert mit ungesicherten Hunden während einer Fahrt im Auto.

Die Fahrer übersehen einfach, daß ein mittelgroßer Hund wie der Australian Shepherd schon bei einer Aufprallgeschwindigkeit von nur 40 km/h mit tonnenschwerer Wucht durch das Fahrzeug geschleudert wird. Er hat so gut wie keine Chance, einen solchen Unfall ungesichert zu überleben und wird sogar noch zur tödlichen Gefahr für alle vor ihm sitzenden Menschen.

Fest montierte Abtrennungen zwischen Menschensitzen und „Hundeabteil" geben beiden im Auto Sicherheit. Foto: U. Schanz

Die Tierschutztransportverordnung §18 besagt, daß ein Hund bei einem Transport in einem Kraftfahrzeug in einem Käfig, einer Transportbox oder in einem gesonderten Abteil gesichert sein muß. Bei Crash-Tests haben sich solche Abtrennungen am stabilsten erwiesen, die vom Hersteller für den speziellen Autotyp angeboten werden und fest verschraubt sind. Metallgitter halten mehr aus als Netze, dafür sind leider im Ernstfall auch die Verletzungen beim Tier leicht höher (außer der Hund sitzt in seinem Vari-Kennel auf der Ladefläche). Kaufhaus-Netze, die nur an einigen Punkten eingehängt werden, halten den Hund bei einem Aufprall nicht zurück. Spezielle Tiersicherheitsgurte sind zulässig, aber nur bedingt zu empfehlen. Gurte, die der Hund abspulen kann, und die ihm viel Bewegungsfreiheit im Wagen lassen sind ebenso lebensgefährlich für ihn wie dünne Nylonbänder oder ein Sicherheitsgurt, der nur am Halsband eingehakt wird. Eindeutig am sichersten für Mensch und Hund im Auto sind fest eingebaute Transportboxen.

Beim längeren Aufenthalt des Hundes im Auto muß nicht nur im Sommer darauf geachtet werden, daß sich der Wagen im Schatten befindet. Selbst im Herbst, wenn längst ein kühler Wind weht, kann sich ein Auto immer noch innerhalb von 20 Minuten auf Hitzschlag-Temperaturen aufheizen. Achtung! Die Sonne wandert! Es muß sichergestellt sein, daß das Auto auch nach längerer Zeit noch im Schatten steht. Spezielle im Handel erhältliche Lüftungsgitter, die in die Fenster einzuklemmen sind, haben sich hier als sehr brauchbar erwiesen.

Grundsätzlich sollte ein Hund nicht länger als nötig im Fahrzeug bleiben müssen. Bitte auch beim Abstellen des Autos daran denken, daß Aussies sehr attraktive Hunde sind. Das Hundestehlen ist – besonders in Großstädten – leider schon genauso Gang und Gebe wie das Entfernen von Autoradios.

Der Aussie im Urlaub

Wenn ein Australian Shepherd-Halter an Urlaubsplanung denkt, stellt sich sofort eine Frage: mit oder ohne Hund? Und vor allem: Wohin? Kann ich meinem Hund etwa die südliche Sonne zumuten? Was ist mit einer Flugreise?

Grundsätzlich möchte der Aussie seine Familie natürlich überallhin begleiten. Für viele Hotels und Pensionen stellt auch ein Hund inzwischen überhaupt keine Probleme mehr dar. Hotels, in denen Hunde als Gäste willkommen sind, oder wo vielleicht sogar gemeinsame Trainingskurse für Mensch und Hund angeboten werden, inserieren oft in den Hunde-Fachzeitschriften. Der ADAC gibt jährlich einen neuen Hotel-Reiseführer für Menschen und Hunde heraus, und auf dem Buchmarkt erscheinen immer mehr Wander- und Freizeitführer für spezielle Regionen. Trotzdem muß geplant werden, müssen vorher Erkundigungen eingeholt werden, sonst kann es geschehen, daß ein Hund zwar mit aufs Zimmer darf, aber auf keinen Fall mit ins Restaurant, was z.B. fast überall in Spanien die Regel ist. Rund um das Mittelmeer haben Urlauber mit Hund deshalb in einer Ferienwohnung mehr von ihrem Urlaub.

Um Wasser macht der Aussie selten einen Bogen, dazu geht er viel zu gerne hinein.

Foto: K. Vollberg

Ähnliches gilt für Campingplätze. Die Markierung im Campingführer, daß Hunde dort erlaubt sind, sagt leider wenig darüber aus, ob der Hund dort mehr darf als im Wohnwagen brav sein. Nicht selten gilt Leinenzwang auf dem ganzen Platz und im schlimmsten Fall ist das Gelände rundherum für Hunde verboten, weil z.B. ein Deich, Naturschutzgebiet, Privatgelände etc.

Bei Reisen ins Ausland müssen für Ein- und Durchreise die Vorschriften der jeweiligen Länder beachtet werden. Hier sollte sich der Hundehalter frühzeitig informieren, da einige Länder eine Blutuntersuchung sowie eine Bestätigung durch einen Amtstierarzt verlangen. Bei vielen Ländern reicht der Internationale Impfpaß, der ausweist, daß der Hund gegen alle üblichen Hundekrankheiten und gegen Tollwut geimpft ist. Die Impfung darf in der Regel nicht älter als ein Jahr und muß mind. 30 Tage alt sein. Auch die jeweiligen Hundehaltungs- bzw. Transportvorschriften des Landes (auch der Durchreiseländer!) müssen vorher erfragt werden. Genaue Auskunft erteilen hier die jeweiligen Botschaften oder Konsulate, Generelles kann oft beim ADAC erfragt werden, beim Deutschen Tierschutzbund, Baumschulallee 15, 53115 Bonn, oder beim Reiseveranstalter.

Eine Flugreise ist für einen gut sozialisierten und gesunden Aussie normalerweise kein Problem. Der Transport des Hundes erfolgt in einer Flugtransportbox, die so groß sein muß, daß der Hund darin stehen und sich bequem umdrehen kann. Ist der Aussie an eine solche Box gewöhnt, wird er keine Probleme haben. Bei einer geplanten Flugreise muß ein eventuell mitzunehmender Hund frühzeitig angemeldet werden. Einige Fluglinien verfügen nur über einen begrenzten beheizten Stauraum für Tiere, andere nehmen prinzipiell nur eine bestimmte Anzahl von Hunden mit (oft bei Flügen auf die Balearen bzw. die Kanarischen Inseln).

Ein Sommerurlaub im sonnigen Süden stellt den Australian Shepherd dank seiner robusten körperlichen Konstitution generell erst einmal vor kein Problem. Aber wo bleibt der Aussie, wenn sich seine Menschen am Strand aufhalten? Ist es möglich, das Tier mitzunehmen (vorher genau nachfragen!), oder muß für eine anderweitige Unterkunft gesorgt werden?

Darf der Hund mit an den Strand, muß für den nötigen Sonnenschutz gesorgt werden, es muß ständig Trinkwasser für ihn bereitstehen, und nach dem Schwimmen oder Toben im Salzwasser geht es unter die Dusche, um Salz und Sand aus dem Fell zu spülen.

Für einen Winterurlaub gelten, was die Hotels betrifft, dieselben Kriterien. Eines kommt noch hinzu: Aussies lieben Schnee und sind aus diesem Grunde oft voller Schneeklumpen, wenn sie wieder in das Hotel zurückkehren. Ein nasser Hund in einem Gastzimmer ist nicht gerade der Traum eines Hoteliers. Hier sollte vorher abgeklärt werden, ob die Möglichkeit besteht, den Hund – etwa in einem beheizten Extraraum – trocknen zu lassen.

Alle langhaarigen Hunde haben im Winter Mühe mit den Schneeklumpen, die sich nach kurzer Zeit zwischen den Ballen an den Füßen bilden. Dieses Problem kann man begrenzen, wenn dem Hund die Haare zwischen den Ballen beschnitten werden. Generell sollten Aussiebesitzer im Winter die Füße ihres Hundes oft kontrollieren, weil es durch die Schneeklumpen und Streusalz gelegentlich zu leichten Entzündungen der Zehenzwischenräume kommen kann. Auftragen von Vaseline oder Pfotenschutz-Gel hilft da bereits vorzubeugen.

Ist für den Aussie ein Aufenthalt in einer Tierpension geplant, sollten seine Menschen daran denken, dies frühzeitig anzumelden. Gerade in der Ferienzeit ist es sonst oft schwierig, einen Platz in einer guten Pension zu bekommen. Die Haltungsbedingungen und auch die Preise einer solchen Unterkunft sind sehr unterschiedlich, ein vorheriger Besuch der Pension, um sie kritisch anzuschauen, ist also ein Muß.

Gesundheit und Vorsorge

Nur ein gesunder Austalian Shepherd ist ein fröhlicher und leistungsfähiger Partner. So ist natürlich jeder Hundehalter bestrebt, seinen Hund sowohl durch Vorsorge gesund zu erhalten, als auch – bei Schwierigkeiten oder im Notfall – seinen Hund möglichst fachgerecht zu versorgen. Regelmäßige Impfungen gegen Viruserkrankungen und Wurmkuren sind deshalb ebenso ein Muß wie die Kontrolle des Hundes auf äußeren Parasitenbefall (Flöhe, Zecken).

Viele Tierärzte bieten inzwischen „Erste-Hilfe-Hund"-Schulungen an. Diese ersetzen natürlich keinen Tierarzt, geben aber viele nützliche Anregungen für den täglichen Umgang mit dem Hund und vermitteln ein fundiertes Grundwissen über das schnelle Handeln im Notfall. Der Besuch eines solchen Seminars ist deshalb für jeden Hundebesitzer sehr zu empfehlen.

Der nachfolgende Abschnitt soll keine Anleitung zur Selbsthilfe sein, sondern nur einen Überblick über die wichtigsten Grundkenntnisse in Sachen Hundegesundheit vermitteln.

Der gesunde Hund

Jeder Aussiebesitzer kennt das normale Verhalten seines gesunden Hundes. Ein gesunder Hund ist munter und interessiert, er hat ein glänzendes Fell und weder aus Nase noch Augen treten Absonderungen aus. Der Hund bewegt sich leichtfüßig und lebhaft und zeigt keine Anzeichen von Lahmheit. Er ist gut genährt, aber nicht dick (die Rippen sollten beim Abtasten ohne Probleme zu fühlen sein).

Hier sind kurz die normalen Körperwerte des Hundes:

Die normale Atemfrequenz eines Hundes liegt zwischen 10 und 40 Atemzügen pro Minute, je nach Größe und Belastung des Tieres. Die Atmung eines gesunden Hundes ist regelmäßig, leicht und mühelos. Sie ist kaum hör- und sichtbar.

Das Hecheln des Hundes bei großer Wärme oder nach hoher körperlicher Belastung beeinträchtigt die Sauerstoffversorgung des Körpers nicht. Es dient zur Erhöhung der Wärmeabgabe durch eine vermehrte Wasserverdunstung im Maul.

Der Herzschlag des Hundes ist am leichtesten auf dessen linker Körperseite gerade hinter seinem Ellenbogen zu ertasten.

Der eigentliche Pumpvorgang, das Zusammenziehen des Herzmuskels verursacht dabei eine Druckwelle, den Pulsschlag.

Der Pulsschlag eines gesunden Hundes liegt zwischen 80 und 120 Schlägen in der Minute. Zum Fühlen des Pulsschlages tastet man am besten nach der Vertiefung an der Innenseite des Hinterschenkels. Dort durchläuft eine Arterie den Oberschenkel und der Puls ist sehr gut fühlbar. Bitte beim Pulsfühlen nicht den eigenen Daumen benutzen!

Der allgemeine Kreislaufzustand des Hundes kann sehr gut anhand der Farbe seines Zahnfleisches beurteilt werden. Dieser Bereich ist, wie auch die Lefzen des Hundes, normalerweise sehr gut durchblutet und rosa gefärbt. Drückt man nun mit dem Finger kurz und kräftig auf das Zahnfleisch, weicht das Blut für sehr kurze Zeit aus den Gefäßen und es entsteht ein heller Fleck. Ist der Kreislauf des Hundes normal, strömt das Blut innerhalb von maximal zwei Sekunden wieder an die entfärbte Stelle.

Die normale Körpertemperatur des Hundes liegt zwischen 38 und 39°C. Die Körpertemperatur wird beim Hund rektal gemessen. Zum Feststellen der Temperatur sollte das Thermometer (möglichst eine digitale Ausführung) etwas eingefettet und dann ca. 2,5 cm weit in den After geschoben werden.

Vorsorge

Vielen Krankheiten kann vorgebeugt werden. Bei der Gesunderhaltung eines Aussies helfen:

- *Regelmäßige Impfungen gegen Viruserkrankungen*
- *Regelmäßige Bekämpfung von inneren und äußeren Parasiten*
- *Körperpflege*
- *Angemessene Ernährung*
- *Sinnvolles Konditionstraining*

IMPFUNGEN

Durch eine Impfung wird der Körper angeregt, gegen die Krankheitserreger die passenden Abwehrstoffe (die sogenannten spezifischen Antikörper) zu produzieren. Sind diese Antikörper in ausreichender Menge vorhanden, so ist der Körper fähig, sich gegen eventuell von außen eindringende Krankheitserreger des gleichen Typus zur Wehr zu setzen. Er ist gegen diese Krankheitserreger immun. Durch regelmäßiges Nachimpfen wird diese

Immunität dann immer wieder aufgefrischt. Die gebräuchliche Kombinationsimpfung immunisiert den Hund gegen die folgenden Krankheiten: Staupe, Hepatitis (ansteckende Leberentzündung), Leptospirose, Parvovirose und Tollwut.

Alle diese Krankheiten sind - einmal ausgebrochen - sehr schwer oder gar nicht heilbar.

Staupe ist eine Viruserkrankung mit oft tödlichem Ausgang. Die Ansteckung erfolgt durch den direkten Kontakt Hund zu Hund. Der Virus verursacht Fieberschübe, Husten sowie Augen- und Nasenausfluß. Im weiteren Krankheitsverlauf können Entzündungen des Magen-Darm-Traktes bzw. der Atemwege auftreten. Es kann zu Bewegungsstörungen kommen (Nervenstaupe).

Der Erreger der äußerst ansteckenden Hepatitis ist ebenfalls ein Virus. Eine Übertragung kann auch über Gegenstände oder Kleidung erfolgen, da dieser Virus stabiler als der Staupevirus ist.

Ungeimpfte Tiere stellen hier eine besondere Bedrohung dar, da sie den Erreger über lange Zeit ausscheiden können, ohne selbst Krankheitserscheinungen zu zeigen. Das Krankheitsbild ähnelt oft dem der Hundestaupe. Folgeschäden der Erkrankung sind oft Hornhauttrübungen und Störungen des zentralen Nervensystems.

Die Leptospirose, eine bakterielle Infektion, kann auch beim Menschen zu Erkrankungen führen. Überträger der Leptospiren sind Mäuse und Ratten sowie erkrankte Hunde. Im Krankheitsverlauf treten Fieber, vermehrter Durst sowie Nierenentzündungen und Störungen im Magen-Darm-Trakt mit Durchfall und Erbrechen auf. Gerade aufgrund der Übertragbarkeit auf den Menschen sollten Hunde kontinuierlich über einen Impfschutz gegen diese Krankheit verfügen.

Der Erreger der Parvovirose ist ein Virus, der erst Ende der 70er Jahre auftrat und sich explosionsartig vermehrte. Oft wird die Parvovirose als Katzenseuche bezeichnet. Tatsächlich ist der Erreger der Parvovirose mit dem Erreger der Katzenseuche eng verwandt, aber nicht identisch. Eine Ansteckung von Katze zu Hund ist deshalb nicht möglich.

Der Parvovirosevirus ist sehr langlebig und besitzt eine hohe Widerstandsfähigkeit gegenüber vielen Desinfektionsmitteln. Die Übertragung geschieht durch Gegenstände und Kleidung auch noch nach einem längeren Zeitraum. Erkrankte Tiere verweigern das Futter, erbrechen und leiden häufig unter unstillbarem, blutigem Durchfall. Der starke Flüssigkeitsverlust führt oft zum Austrocknen des Körpers und zum Tod in kürzester Zeit.

Tollwut ist eine der gefürchtetsten Infektionskrankheiten. Sie gefährdet nicht nur zahlreiche Tierarten, sondern auch den Menschen. Die Übertragung erfolgt durch den Speichel infizierter Tiere. Der Krankheitsverlauf ist immer tödlich.

Gerade Hunde in ländlichen Gegenden sollten durch regelmäßige Impfungen geschützt werden. Tollwutverdächtige Tiere unterliegen in Deutschland den veterinärrechtlichen Bestimmungen. Das bedeutet, daß erkrankte bzw. tollwutverdächtige ungeimpfte Tiere getötet werden

Auf einem Baum balancieren ist eine Abwechslung bei einem Spaziergang. Er könnte aber auch einem Tier begegnen, das Tollwut überträgt.

Foto: K. Vollberg

müssen. Bei geimpften Tieren besteht hingegen keine Tötungspflicht, wenn die Impfung bei Kontakt mit einem tollwutverdächtigen Tier nicht jünger als vier Wochen bzw. älter als ein Jahr war.

Zusätzlich wird der Hund im Rahmen der Kombinationsimpfung auch oft gegen Zwingerhusten geimpft. Verursacher des Zwingerhustens sind mehrere Viren und bakterielle Erreger. Gefahr durch Zwingerhusten besteht überall dort, wo viele Hunde zusammenkommen (Ausstellungen, Tierpensionen usw.).

Zur Auslösung der Krankheit können Futterumstellung, Umgebungswechsel und Parasitenbefall bzw. alle Faktoren, die zur Herabsetzung der Abwehrkräfte führen, beitragen. Das Krankheitsbild besteht aus starkem Reizhusten bis hin zur Lungenentzündung, sowie Nasen- und Augenausfluß. Eine Impfung kann diese Erkrankung nicht immer verhindern, da eine Gruppe von Erregern dafür verantwortlich ist. Trotzdem kann die Impfung zur starken Abschwächung der Symptome führen.

Die Grundimmunisierung des Welpen gegen die oben genannten Infektionen sollte früh begonnen werden. Zwischen der 7. und 9. Lebenswoche erhält der Welpe eine Impfung gegen Staupe, Hepatitis, Leptospirose und Parvovirose. Zur Festigung des Impfschutzes wird nach drei bis vier Wochen eine zweite Impfung erforderlich. Mit dieser Impfung wird dann auch erstmalig gegen Tollwut und evtl. Zwingerhusten immunisiert.

Zur Aufrechterhaltung des Impfschutzes empfiehlt sich eine Wiederholungsimpfung im einjährigen Abstand.

Parasiten

Jeder Parasitenbefall beeinträchtigt das Wohlbefinden des Tieres und stellt – bei schwerem Befall – ein Gesundheitsrisiko dar. Der beste Schutz vor äußeren Parasiten sind eine sorgfältige und regelmäßige Fellpflege, eine saubere Umgebung und eine gewaschene Hundedecke, aber beim Zusammentreffen mit anderen Hunden kann auch der gepflegteste Hund mit Flöhen, Läusen, Haarlingen oder Milben nach Hause kommen, die mit Bädern, Emulsionen oder Kontaktgift vertrieben werden müssen.

Bei Flohbefall muß die komplette Umgebung des Hundes mitbehandelt werden. Faustregel: Jeder Floh auf dem Hund hat noch zehn Verwandte im Hundekorb und im Rest der Wohnung. Werden Flöhe schnell entdeckt, ist das Problem meist mit ungiftigen Kontakt-Sprays (vom Tierarzt), Waschmaschine und Staubsauger zu lösen (Staubsaugerbeutel unbedingt mitbehandeln!) Bei starkem Flohbefall hilft leider oft nur noch die „chemische Keule". Starken Flohbefall des Hundes erkennt man an schwarzen Krümeln im Hundefell und an kleinen roten „Pickeln" am Hundebauch und an der Innenseite der Hinterschenkel. Zur Vorsorge gibt es beim Tierarzt einige Präparate, die den Hund und Ihre Wohnung vor Flohbefall schützen. Achtung: Der Hundefloh ist ein Zwischenwirt für den Bandwurm! Aus diesem Grunde sollten Hunde, die sich mit Flöhen plagen, zusätzlich noch entwurmt werden.

Ohrmilben setzen sich im äußeren Gehörgang fest und bohren ihre Eier in die Haut. Typische Anzeichen für Ohrmilben ist ständiges Kopfschütteln und Kratzen vom Hund, und dunkles Ohrenschmalz. Als Therapie werden etwa alle zwei Tage milbentötende Mittel ins Ohr geträufelt, das Ohr durchgeknetet und gesäubert (vom Tierarzt zeigen lassen, wie).

Der Befall mit Zecken ist besonders in den Sommermonaten für viele Hundehalter ein Problem. Zum einen sind diese kleinen Blutsauger lästig, zum anderen können sie Krankheiten übertragen. In erster Linie werden die Erreger der Borreliose und der FSME (Frühsommermenginoenzyphalitis) von Zecken auf Menschen und Tiere übertragen, jedoch sind nicht alle Zecken in allen Teilen des Bundesgebietes Überträger dieser Krankheiten. Die Behandlung beider Krankheiten ist schwierig und langwierig, sowohl beim Menschen, als auch beim Hund. Aus diesem Grund empfiehlt sich ein guter Schutz gegen Zecken. Er hilft meist auch gegen Flohbefall.

Zur „Zeckenzeit" sollte der Hund nach einem Spaziergang gründlich untersucht werden. Eventuell festsitzende Zecken können mit Hilfe einer Zeckenzange leicht entfernt werden – bitte die Zecke nicht mit Öl oder Klebstoff bestreichen, das fördert nur die Abgabe der Erreger. Schnelles Entfernen der Zecke verhindert die Übertragung von Borreliose-Bakterien, da sie erst etwa 24 Stunden nach dem Zeckenstich im Darm der Zecke aktiv werden.

Neben den äußeren Parasiten kann der Hund auch von Innenparasiten befallen werden, z.B. von Spul- und Bandwürmern. Übermäßiger Wurmbefall beim Hund kann Müdigkeit und Appetitmangel, sowie

Störungen in der Entwicklung und im Wachstum zur Folge haben. Ein aufgetriebener Bauch und ein stumpfes, glanzloses Fell sind oft die ersten Anzeichen für stärkeren Wurmbefall.

Mehr als 90% aller Welpen sind mit Spulwürmern infiziert, deren Larven sie bereits über die Muttermilch aufnehmen. Aus diesem Grunde sollten Welpen wiederholt nach einem tierärztlichen Schema entwurmt werden. Ab dem 6. Lebensmonat sollte eine Entwurmung etwa alle drei Monate oder nach Untersuchung einer Kotprobe beim Tierarzt durchgeführt werden.

Bandwürmer werden von Flöhen und anderen Zwischenwirten wie Hasen, Schafe, Rinder etc. übertragen. Einen wirklich starken Bandwurmbefall erkennt man an den „Reiskörnern" die am After des Hundes kleben. Hier ist neben der Bandwurmkur auf jeden Fall auch eine Flohbekämpfung fällig. Auch für den im engen Kontakt lebenden Menschen stellen verwurmte Hunde eine Gesundheitsgefahr dar. Folgende Schutzmaßnahmen halten das Infektionsrisiko für Hund und Mensch geringer:

- Keine rohen Schlachtabfälle an den Hund verfüttern
- Auslauf, Zwinger und Liegeplatz des Hundes oft reinigen
- Den Hund vor Flohbefall schützen
- Gründliches Händewaschen nach dem Kontakt mit dem Hund bzw. Gesichtskontakt vermeiden
- Regelmäßige Entwurmung

Und noch etwas: Etwa zehn Tage vor einer geplanten Impfung sollte der Hund entwurmt werden, da er dann besser auf die Impfung reagieren kann!

Körperpflege

Ein sauberer, gut gepflegter Aussie ist ein Muß für jeden Hundebesitzer. Damit ist aber nicht gemeint, daß das Tier nun täglich in die Badewanne wandert und schamponiert wird. Natürlich ist jeder Hund auch oft genug voller Sand und Matsch, je nach Wetterlage. Wie ein Hundebesitzer mit seinem nassen, schlammigen Hund in der Wohnung verfährt, richtet sich nach seinen eigenen Vorlieben und vor allem nach seiner Dreck-Toleranzgrenze. Aber: Nach jedem Spaziergang sollte der Hund auf Zecken, Kletten

Ein Aussie legt sich nicht nur ins Gras, um die Sonne zu genießen. Wälzen im Kot scheint ebenfalls ein Vergnügen zu sein. Foto: K. Vollberg

oder kleine Kratzer untersucht und dementsprechend versorgt werden. Beim Haarwechsel im Herbst wirft der Australian Shepherd sein Deckhaar ab, im Frühjahr vor allem die Unterwolle. Wie stark die wächst hängt vom Klima ab. Je kälter es ist, um so dichter wächst sie. Normalerweise reicht gründliches Durchbürsten einmal pro Woche aus. Dazu eignet sich am besten eine grobe Drahtbürste mit abgerundeten Spitzen und Gummibett (schont die Haut), anschließend wird mit einer Naturhaarbürste (lädt sich nicht elektrostatisch auf) nachgebürstet. Während des Haarwechsels ist es empfehlenswert öfter zu bürsten, um das alte Fell zu entfernen und Verfilzungen vorzubeugen. Filzknoten hinter den Ohren oder in der „Hose" an den Hinterschenkeln des Hundes können dabei herausgeschnitten werden. Spätestens beim Bürsten ist auch ein Blick in die Ohren fällig. Aber Hundeohren nie mit Wattestäbchen reinigen! Die Gefahr ist zu groß, daß dabei Fremdkörper wie z.B. Grassamen oder Ohrenschmalz nur noch tiefer ins Ohr geschoben werden und dort Infektionen auslösen. Am besten läßt man sich vom Tierarzt zeigen, welches Mittel und welche Reinigungsmethode für den Hund am besten ist.

Harte Hundekuchen und Kauknochen helfen Zahnbelägen und Zahnsteinbildung vorzubeugen. Sie kräftigen das Gebiß und reinigen die Zähne. Es gibt im Fachhandel auch spezielle Zahnbürsten für Hunde und Zahnpastas in so leckeren Geschmacksrichtungen wie Hühnchen oder Rind.

„Klappert" der Hund beim Laufen, weil die Spitzen seiner Krallen laut auf den Boden schlagen, ist es höchste Zeit, die Krallen zu feilen oder mit einer Krallenzange aus dem Fachhandel abzuschneiden. Bei hellen Krallen kann man deutlich den „lebendigen", durchbluteten Innenteil der Kralle erkennen, der auf keinen Fall verletzt werden darf. Bei dunklen Krallen

Es ist ihm anzusehen, diese Fußpflege gehört nicht zu seinen Lieblingsbeschäftigungen, aber er hält still.

Foto: K. Vollberg

schneidet man vorsichtshalber viel weniger ab, oder läßt sie gleich vom Tierarzt kürzen. Falls doch einmal „ins Leben" geschnitten wurde, blutet es nicht nur stark, es ist für den Aussie ziemlich schmerzhaft und er wird so schnell niemanden mehr an seine Füße heranlassen.

Die Haare zwischen den Ballen des Hundes können im Winter etwas gekürzt werden. Auf diese Weise bilden sich dort weniger Schneeklümpchen, die dem Hund lästig sind und ihn beim Laufen stören.

Der Schlafplatz des Hundes sollte regelmäßig gereinigt werden, um Parasitenbefall vorzubeugen. Hat der Hund einen Zwinger, ist es ratsam, diesen mindestens einmal wöchentlich mit einem Dampfreiniger, wenigstens aber mit einem Hochdruckreiniger zu säubern.

Die richtige Ernährung

Hunde sind keine reinen Fleischfresser. Alle wildlebenden Caniden verachten weder Obst noch den halbverdauten Panseninhalt ihrer Beutetiere, sie ernähren sich – wenn verfügbar - auch von Schalentieren oder Pilzen. Der Hund braucht also mehr als Fleisch, um gesund zu bleiben. Die wichtigsten Bestandteile der Hundenahrung sind:

- Proteine
- Kohlenhydrate
- Fette
- Mineralstoffe und Vitamine
- Ballaststoffe
- Wasser

Protein bedeutet Eiweiß. Der Hund benötigt ständig Eiweiß für die Gewebeneubildung. Proteine bestehen aus Aminosäuren, zehn davon sind nicht im Hundekörper verfügbar und müssen aus diesem Grunde vom Hund über das Futter aufgenommen werden.

Kohlenhydrate sind die Energiequelle des Hundes. Es sind dies Zucker, Zellulose und Stärke. Einfache Zucker sind am leichtesten zu verdauen. Dagegen können Hunde Milchzucker (Laktose) nicht verdauen und reagieren auf Milchgaben mit Durchfall.

Fett benötigt der Hund für wichtige Stoffwechselvorgänge und als Energiequelle. Bei Mangel an einigen Fettsäuren kann es beim Hund zu Infektionen der Haut und des Innenohres kommen. Enthält das Hundefutter viel Fett, kann die Proteingabe gekürzt werden, die Belastung von Leber und Nieren wird dann geringer. Fett ist außerdem der Träger einiger fettlöslicher Vitamine. Fette werden vom Hund bis zu 100% verdaut.

Mineralstoffe und Vitamine benötigt der Hund für wichtige chemische Reaktionen in seinem Körper. Sie helfen unter anderem bei der Muskel-, Zahn- und Knochenbildung, sind Teil des Aminosäure-Stoffwechsels (für den Körpererhalt des Hundes) oder unterstützen die Verdauung des Hundes. In den handelsüblichen Fertigfuttern ist stets eine ausgewogene Mischung von Vitaminen und Mineralstoffen beigemengt.

Ballaststoffe helfen dem Hund wie auch dem Menschen bei der Verdauung. Etwa 5% des täglichen Futters des gesunden und nicht übergewichtigen Hundes sollte aus Ballaststoffen bestehen.

Wasser benötigt der Hund für alle in seinem Körper ablaufenden Stoffwechselprozesse. Es ist für Hunde also lebenswichtig, Wasser zu sich zu nehmen. Wird dem Aussie Trockenfutter gefüttert, sollte dieses eingeweicht werden, zumindest aber muß immer eine Schale frisches Wasser für den Hund erreichbar sein.

Manche Krankheiten verursachen einen unnormal großen Durst. Deshalb sollte jeder Hundebesitzer den normalen Wasserbedarf seines Tieres kennen und bei außergewöhnlich heftigem Durst den Tierarzt aufsuchen.

Fütterungsmenge

Die meisten Hundebesitzer versorgen ihre Tiere mit Trockenfuttern. Hier sollte man sich bei der Futtermenge nach den Produktangaben richten. Wird der Hund zu dick, sollte das Futter gekürzt werden. Ist der Hund zu dünn oder ein schlechter Fresser, dann kann dem Futter etwas Öl oder Quark als Appetitanreger beigemengt werden. Generell zu Trockenfutter immer Wasser reichen oder das Futter einweichen!

Fütterungszeiten

Welpen werden zuerst vier-, später dreimal am Tag, Junghunde bis zu einem Alter von etwa einem Jahr zweimal am Tag gefüttert. Ein erwachsener Hund wird normalerweise einmal am Tag gefüttert. Ob dies morgens oder abends geschieht, richtet sich nach dem Tagesrhythmus des Hundebesitzers. Wichtig ist, daß der Hund nach dem Fressen für ein bis zwei Stunden Ruhe halten kann. Zu groß ist sonst die Gefahr einer Magendrehung. Eine Magendrehung kann bei einem heftigen Spiel oder beim Herumtoben direkt nach dem Fressen auftreten. Der Hund fühlt sich spontan sehr schlecht, speichelt und der Magen beginnt aufzugasen. Dieser Zustand ist ein absoluter Notfall. Ein Hund mit Magendrehung kann nur durch eine sofortige Operation gerettet werden.

Ein erwachsener Hund kann einen Fastentag in der Woche gut vertragen. Dies hilft ihm, seinen Darm zu reinigen und beugt damit auch einer Verwurmung vor.

Der Futterplatz

Ein Hund sollte einen festen Futterplatz haben. Und da Hunde oft sehr „exzessive“

Sind die Rippen beim Abtasten gar nicht, oder kaum noch zu fühlen, hat der Hund Übergewicht und muß auf Diät. Foto: K. Vollberg

Fresser sind, sollte dieser Platz leicht zu reinigen sein. Die Fütterungszeit wird am besten so gewählt, daß der Hund Zeit hat, in Ruhe zu fressen. Viele Hunde schlingen – wenn sie von viel Streß umgeben sind - ihr Futter hinab und würgen es dann in einem unbeobachteten Moment wieder hervor, meist auf dem Wohnzimmerteppich.

Der Hund gibt am Fahrrad das Tempo an. Es muß so gefahren werden, daß er im ruhigen Trab nebenher laufen kann.

Foto: K. Vollberg

Konditionstraining

Ein körperlich durchtrainierter und fit gehaltener Hund verfügt von Natur aus über ein höheres Maß an Abwehrkräften. Ein wirkliches Konditionstraining (wie auch Springen über Hindernisse oder übermäßiges Treppensteigen) sollte dennoch erst mit einem fast ausgewachsenen Hund, also im Alter von ca. 12 bis 15 Monaten, begonnen werden, da sonst schwere Gelenk- und Knochenschädigungen möglich sind. Für den Hund am Fahrrad gilt:

Den Hund bitte möglichst viel auf natürlichem Untergrund laufen lassen. Asphalt oder Betonplatten federn kaum. Aus diesem Grund belastet das Laufen hier die Gelenke eines Hundes extrem. Ebenso wie beim Menschen sollte die Laufleistung des Hundes langsam gesteigert werden. Zu Beginn des Trainings also bitte nicht mehr als 20 Minuten im gemäßigten Tempo vom Hund abverlangen. Die Laufleistung kann dann langsam individuell gesteigert werden, wobei jeder Hund eine andere Leistungskapazität hat. Spätestens, wenn der Hund Anzeichen von Erschöpfung zeigt, sollte das Training sofort beendet werden. Ein Hund darf nicht zum Mitlaufen gezwungen werden (Tierschutzgesetz). Auch Hunde können Muskelkater und Zerrungen bekommen! Bitte deshalb vor dem Konditionstraining den Hund langsam aufwärmen, und ihn nach dem Training im Schritt langsam abkühlen lassen. Nach einem Lauftraining sollten die Füße des Hundes untersucht werden. Die Ballen lassen sich mit Vaseline geschmeidig halten, wenn sie dazu neigen, spröde und rissig zu werden.

Beim Radfahren mit Hund im öffentlichen Straßenraum gelten übrigens die Bestimmungen der StVO! Wird der Hund am Fahrrad mitgeführt, ist er immer an der verkehrsabgewandten Seite zu führen. Die Leine darf weder am Fahrrad befestigt, noch um die Hand geschlungen werden und muß jederzeit loszulassen sein.

Erste Hilfe beim Hund

Dieses Kapitel soll einen kleinen Überblick über mögliche Hilfeleistungen in Notfällen geben. Die Erste Hilfe dient vorrangig dazu, einen verletzten oder kranken Hund vor Ort solange zu versorgen und seine Körperfunktionen zu stabilisieren, bis ein Tierarzt hinzugezogen werden kann.

Die wichtigsten Grundregeln lauten wie bei allen Notfällen:

- Immer Ruhe bewahren!
- Nicht aus der Angst, etwas falsch zu machen, gar nicht helfen!

Mit den im folgenden beschriebenen Maßnahmen ist jeder gut vorbereitet, einem verletzten Hund wirkungsvoll zu helfen. Grundsätzlich gilt: Erste Hilfe am Hund ist der Ersten Hilfe beim Menschen sehr ähnlich. Es gelten die gleichen Grundsätze, und es muß so gut wie immer improvisiert werden.

Der Umgang mit einem verletzten Hund

Ein verletzter Hund hat unter Umständen große Schmerzen, hat aus diesem Grund Angst oder steht unter Schock. Er verhält sich nicht normal. Auch der eigene sonst gut trainierte Hund kann in einer Notfallsituation versuchen zu beißen oder wegzulaufen. Ist der Hund bei vollem Bewußtsein, sollte er deshalb mit einer Leine gesichert werden und mit einem Beißkorb bzw. einer Maulschlinge am Zufassen gehindert werden. Für eine Maulschlinge kann vieles verwandt werden (Mullbinde, Leine, Gürtel). Die Schlinge wird um den Fang geschlungen und erst über, dann unter dem Maul verknotet. Die Enden werden zusätzlich noch straff hinter den Ohren zusammengebunden. Der

Hund wird die Maulschlinge sonst schnell abstreifen. Bitte keine Maulschlinge verwenden, wenn der Hund aus den Nasenlöchern blutet! Das Tier kann dann nicht atmen!

Die rettende Atemspende

Bei einem schwer verletzten Hund stellt sich als erstes die Frage, ob er noch am Leben ist. Leidet er unter Atemnot, blutet er aus der Mundhöhle, oder ist er bewußtlos, legt man ihn vorsichtig auf die Seite, streckt den Kopf, öffnet das Maul und zieht die Zunge vorsichtig nach vorne heraus. Atmet er noch? Die Atembewegungen (Heben des Bauches und der unteren Rippen) sind bei sehr langsamer und flacher Atmung nur schwer wahrnehmbar. Wenn der Hund atmet, schlägt auch sein Herz. Ein Herzstillstand ist nur bei fehlender Atmung möglich. Atmet der Hund nicht, aber ein Herzschlag ist noch vorhanden, muß sofort eine Atemspende durchgeführt werden:

- Hund auf die rechte Körperseite legen und die Atemwege des Tieres freimachen (Zunge vorziehen)
- Kopf und Hals des Hundes strecken und den Fang mit einer Hand zuhalten
- Etwa 2 Sekunden in die Nase des Hundes atmen und dabei den Brustkorb kontrollieren. Der Brustkorb muß sich heben
- Die Atemspende ca. 20 mal in der Minute ausführen und danach die Atmung erneut kontrollieren
- Wenn die Atmung nicht wieder eingesetzt hat, mit der Atemspende fortfahren und dann erneut kontrollieren
- Nicht zu früh aufgeben!
- Herzschlag an der seitlichen Brustwand und den Puls an der Innenseite des Oberschenkels kontrollieren. Ist kein Herzschlag vorhanden, muß sofort mit der Herzmassage begonnen werden.

Herzmassage

1. Den Hund auf die rechte Körperseite legen und einige Male kräftig mit der flachen Hand auf den Brustkorb schlagen

2. Wenn der Herzschlag daraufhin nicht wieder einsetzt, eine Hand unter den Brustkorb, eine Hand auf den Brustkorb kurz hinter dem Ellenbogen legen und den Brustkorb kurz und kräftig zusammendrücken und wieder loslassen, um das Herz wieder zum Schlagen anzuregen.

3. Mit der Atemspende kombinieren. Nach zehn schnellen Herzkompressionen jeweils zwei Atemstöße;

4. Nach einer Minute Herzschlag und Atmung kontrollieren und evtl. mit der Wiederbelebung fortfahren;

5. Nicht zu früh aufgeben!

Schockprobe

Ein Schock tritt bei vielen Unfällen als Begleiterscheinung auf und sollte sehr ernst genommen werden. Bei einem Schock sackt der Blutdruck; in letzter Konsequenz kann er zu einem Kreislaufstillstand führen. Ein Schock kann auch verspätet bei einem scheinbar unverletzten Tier auftreten! Deshalb die Schockprobe etwas später noch einmal durchführen! Schockprobe: Die Lefzen des Hundes anheben. Mit dem Daumen fest auf das Zahnfleisch drücken. Es entsteht ein weißer Fleck, da das Blut durch den Druck aus den Oberflächengefäßen gedrängt wurde. Ist dieser Fleck nicht nach zwei Sekunden („21, 22," zählen) verschwunden, besteht Verdacht auf Schock. Einen Hund mit Schock auf die rechte Körperseite legen und warm halten. Unnötige Manipulationen am Tier vermeiden und nur die lebensbedrohlichen Wunden versorgen. Den Hund schnellstmöglich zum Tierarzt transportieren

Blutende Hautverletzungen

Bei einem aktiven Hund wie dem Australian Shepherd kommen Schnittverletzungen an den Pfoten häufig vor. Sie bluten meist sehr stark. Die Blutung bei sogenannten Rißwunden, wie sie beispielsweise nach dem Hängenbleiben in Stacheldraht auftreten, ist dagegen eher gering. Auch die Blutung nach Bißwunden ist gering. Bißwunden sind oft nur an einem oder mehreren Löchern in der Haut zu erkennen. Zusätzlich treten hier jedoch Blutergüsse und großflächige Hautablösungen auf. Bitte einen Hund mit Bißwunden aus diesem Grund immer beim Tierarzt vorstellen. Hautverletzungen sollten so weit wie möglich verbunden werden, um Blutungen zu verhindern und Verunreinigungen zu vermeiden. Die Wundfläche unter dem Verband wird dazu möglichst sauber abgedeckt, um ein Verkleben mit dem eigentlichen Verband zu vermeiden, Gelenke und Knochenvorsprünge - eventuell mit Watte - abgepolstert. Bitte die Wunden weder reinigen noch desinfizieren. Wundversorgung ist eine Sache für den Tierarzt. Starke Blutungen stammen oft aus Arterien (das Blut spritzt im Herzrhythmus hervor) oder aus Venen (Blut sickert aus der Wunde). Hoher Blutverlust kann für den Hund tödlich sein. Zusätzlich kann der Hund am darauf folgenden Schock sterben. Deshalb zusätzlich immer auf Schocksymptome achten! Bei starken Blutungen bitte – wie beim Menschen – nicht abbinden, sondern einen Druckverband anlegen und den Hund zum Tierarzt transportieren. Ist ein Druckverband nicht möglich, die Wunde zur Not mit der Hand abdrücken.

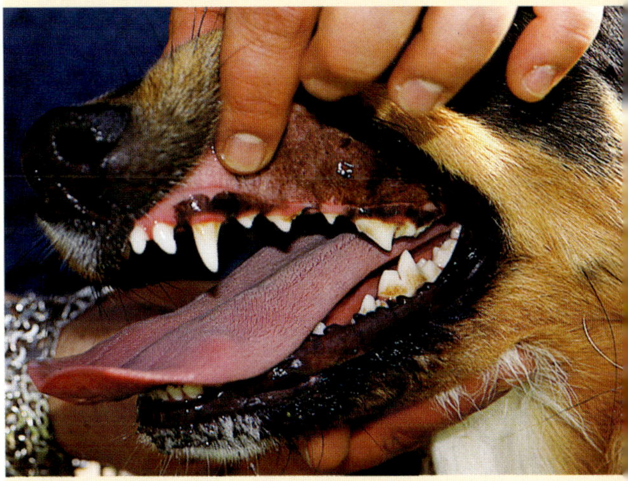

Mit dem kräftigen Druck auf das Zahnfleisch läßt sich in zwei Sekunden prüfen ob der Kreislauf in Ordnung ist. Foto U. Schanz

Knochenbrüche

Brüche generell nur stabilisieren und nicht versuchen, die Knochen wieder „einzurenken"! Das ist Sache des Tierarztes. Durch einen improvisierten Stützverband kann verhindert werden, daß sich die Knochenenden noch mehr verschieben und dem Tier damit noch mehr Schmerzen bereiten. Offene Brüche möglichst steril abdecken.

Fremdkörper in Schnauze oder Kehle

Der Hund streicht mit den Pfoten hektisch über seinen Fang, würgt oder röchelt dabei. Bitte sofort versuchen, den Fremdkörper zu entfernen und dabei möglichst den Hund mit Hilfe eines Holzstücks oder ähnlichem am Zubeißen hindern. Blockiert ein Fremdkörper die Luftröhre, kann der Hund sterben, wenn nicht sofort etwas unternommen wird. Größere Hunde hinter dem Rippenbogen umfassen und den Brustkorb pumpen. Kleinere Hunde an den Hinterbeinen hochnehmen und vorsichtig herumschwenken. Gelingt es nicht, den Fremdkörper zu entfernen, sofort zum Tierarzt.

Vergiftungen

Die Symptome einer Vergiftung können beim Hund - je nach Art des aufgenommenen Giftes - sehr verschieden sein. Hauptanzeichen sind häufig: Übermäßiger Speichelfluß, Krämpfe, Erbrechen, unsichere Bewegungen (Taumeln). Bitte mit dem Hund sofort zum Tierarzt fahren und keine Zeit durch eventuelle Selbsthilfeversuche verlieren. Wenn nicht bekannt ist, welchen Stoff der Hund aufgenommen hat, auf keinen Fall Erbrechen herbeiführen. Ist das aufgenommene Gift bekannt, sollte eine Probe oder eventuell sogar die Verpackung mit zum Tierarzt genommen werden. Dieser kann oft schon anhand des Aussehens des Giftstoffes die Art bestimmen und den Hund entsprechend behandeln.

Insektenstiche

Viele Hunde schnappen nach vorbeifliegenden Bienen, Hummeln oder Wespen. Nach einem Stich jault der Hund meist kurz auf und „bearbeitet“ den betroffenen Bereich dann hektisch mit der Pfote. Bei Stichen am Körper den eventuell noch vorhandenen Stachel entfernen und den Bereich kühlen, eventuell eine Salbe zur Behandlung von Insektenstichen aufbringen. Stiche ins Maul können zu Atemnot führen. Auch hier den Bereich kühlen und sofort einen Tierarzt aufsuchen. Das gleiche gilt bei starker Schwellung ganzer Körperbereiche oder Schocksymptomen. Auch Hunde können auf Insektengifte allergisch reagieren!

Hitzschlag

In einem aufgeheizten, verschlossenen Auto oder bei großer körperlicher Anstrengung kann ein Hund sich nicht mehr durch Hecheln ausreichend abkühlen. Sein Herz schlägt schnell, die Körpertemperatur steigt, der Hund wird irgendwann teilnahmslos und schließlich bewußtlos. Zur Kühlung wird er, an den Beinen beginnend, mit Wasser übergossen (Kopf extra kühlen) bis die Körpertemperatur auf 39,5 Grad gesunken ist.

Der alternde Australian Shepherd

Älter werden heißt nicht automatisch abbauen. Es gibt Hunde, die sind mit 12 Jahren noch „fit wie ein Turnschuh".
Foto: K. Vollberg

Der Aussie gehört glücklicherweise zu den recht langlebigen Hunderassen. Das Erreichen eines Lebensalters von 12 bis 15 Jahren ist bei ihm keine Seltenheit.

Das erste Anzeichen des körperlichen Alterns ist meist das vermehrte Erscheinen grauer Haare am Fang und im Gesicht des Australian Shepherd.

Im allgemeinen läßt die Nieren- und Lebertätigkeit des Hundes im Alter nach. Das gewohnte Futter kann also nicht mehr so wie in jüngeren Jahren von seinem Körper verwertet werden. Unterstützt werden kann die Verdauung durch die Gabe von leichtverdaulichem „Seniorenfutter", eventuell mit Zusatz von Fett (als Energielieferant) und Kleie (gegen Verstopfung). Die Futtergabe wird von einmal auf zweimal täglich erhöht. Der Hund wird außerdem mehr Durst haben. Frisches Trinkwasser sollte für ihn immer erreichbar sein. Das Seh- und Hörvermögen des Aussies wird mit fortgeschrittenem Alter nachlassen. Geduld, Vorsicht und Rücksicht sind hier vom Hundebesitzer beim Umgang mit seinem alten Hund gefragt.

Ältere Hunde mögen unter Umständen keine Kauknochen mehr kauen. Aus diesem Grund bildet sich sehr häufig Zahnstein, der zu einer Entzündung des Zahnfleisches des Tieres führen kann. Zahnstein kann und sollte vom Hundebesitzer selbst oder vom Tierarzt entfernt werden.

Regelmäßige Bewegung und das gewohnte Training sind auch für den älter werdenden Australian Shepherd sehr wichtig. Gut ausgebildete Muskeln unterstützen die Knochen, und die gewohnten Aufgaben im Training halten den Hund selbstbewußt und geistig fit. Er sollte hier jedoch weder unter- noch überfordert werden.

Mit zunehmendem Alter stellt sich evtl. eine allgemeine Steifheit der Gelenke ein und es kann zu Problemen beim Harn- und Kotabsatz kommen. Bei Gelenkschmerzen und Inkontinenz - dem unkontrollierten Harnlassen - kann der Tierarzt möglicherweise etwas für den Hund tun.

Wird das Leiden des Aussies im Alter so groß, daß der Hund sich über die wenigen ihm noch verbleibenden Lebensmonate auch noch quälen muß, sollte jeder Hundebesitzer darüber nachdenken, sein Tier einschläfern zu lassen, um ihm weitere Leiden zu ersparen. Er kann so schmerzlos aus dem Leben gehen. Der Tierarzt spritzt ihm eine Überdosis eines Barbiturats (Betäubungsmittel). Das Tier schläft in Sekunden ein und wenig später unterbleiben alle vitalen Körperfunktionen.

Nach dem Tod eines Tieres ist das Gefühl des Verlustes und der Trauer groß. Der Hund ist bei uns aufgewachsen und hat uns lange Zeit begleitet. Er war selbstverständlich. Nun klafft an dieser Stelle eine große Lücke. Diese Lücke wird auch von einem anderen Hund nicht komplett zu füllen sein und das ist gut so. Bewahren wir uns auf diese Weise das Andenken an einen langjährigen Wegbegleiter und Freund durch viele Höhen und Tiefen.

Anhang

Adressen rund um den Aussi

Australian Shepherd Club Deutschland e.V.
(ASCD) Geschäftsstelle
Im Mühlenstück 7
53639 Königswinter www. ascdev.de

Australian Shepherd Association Germany
(ASAG)
Dagmar Becker
Auf der Lohe 1
40699 Erkrath www.asagev.de

Verband für das Deutsche Hundewesen
(VDH)
Westfalendamm 174
PF 10 41 54
44041 Dortmund www.vdh.de

Arbeitsgemeinschaft Border Collie Deutschland e.V. (ABCD)
Anita Hermes
Domnenweg 1
26789 Leer www.abcdev.de

American Kennel Club
5580 Centerview Drive
Raleigh, NC 27606-3390 /USA
www.akc.org

Australian Shepherd Club of America
P.O.Box 3790
Bryan, TX 77805-3790 /USA
www.asca.org

Tiere helfen Menschen e.V.
Graham Ford
Münchener Str. 14
97204 Höchberg www.thmev.de

Therapiehunde Deutschland
Barbara Puhl
Dellweg 23
25792 Neuenkirchen
www.therapiehunde-deutschland.de

Leben mit Tieren e.V.
Teltowkanalstr. D
12247 Berlin
www.lebenmittieren.de

Empfehlenswerte Literatur

American Rescue Dog Association, Search and Rescue Dogs, Howell USA, 1991

Chatwick, Wilf, Dog Training, Direktbezug: Burnedge Press Ltd., Cardigan Srt., Royton, Oldham, OL2 6RA

Cohen, Stanley, Die Intelligenz der Hunde, Rowohlt, 1995

Hartnagle, J.J., All about Aussies, Alpine Puplications, USA, 1996

Hartnagle, J.J., A New Owners guide to Australian Sheperds, dito

Hobday, Ruth, Agility...macht Spaß, Bd. 1 u. 2, Kynos Verlag, 1993

Johnson, Nancy E., Everyday Dog, Howell USA, 1990

Lewis, Peter u. John Gilbert, Teaching Agility, Canine Publications, 1994

Lind, Ekard, Richtig spielen mit Hunden

Lind, Ekard, Hunde spielend motivieren

Müller, Manfred, Vom Welpen zum idealen Schutzhund, Oertel und Spörer, 1981

White, Angela, Happy Dogs, Happy Winners, Direktbezug: Rainbow Publishing, P.O.Box 1044, Haxey, Doncaster, South Yorkshire, DN9 2JL

Praktische Ratgeber – rund um den Hund ...

... von Cadmos

Neika/Eckenbach
ERSTE HILFE AM HUND
Das Hundebuch für den Notfall

96 Seiten, broschiert,
farbige Abbildungen
ISBN 3-86127-717-4
€ 10,95 · € (A) **11,30 · SFR 19,80**

A. Bangert/B. Endemann
DAS SCHMECKT IHREM HUND
Wenn Hunde kochen könnten …

96 Seiten, broschiert,
farbige Abbildungen
ISBN 3-86127-720-4
€ 10,95 · € (A) **11,30 · SFR 19,80**

Thekla Vennebusch
AUF GUTE ALTE TAGE
Ältere Hunde und ihre Bedürfnisse

96 Seiten, broschiert,
farbige Abbildungen
ISBN 3-86127-718-2
€ 10,95 · € (A) **11,30 · SFR 19,80**

Brunhilde Mühlbauer
HUNDE RICHTIG MASSIEREN
Akupressur, Massage & mehr

96 Seiten, broschiert,
farbige Abbildungen
ISBN 3-86127-722-0
€ 10,95 · € (A) **11,30 · SFR 19,80**

Hildegard Jung
MIT DEM HUND GESUND DURCHS JAHR
Tipps und viele Infos
96 Seiten, broschiert,
farbige Abbildungen
ISBN 3-86127-707-7
€ 10,95 · € (A) **11,30 · SFR 19,80**

CADMOS HUNDEBÜCHER

Cadmos Verlag GmbH · Im Dorfe 11 · 22946 Brunsbek
Tel. 04107 8517-0 · Fax 04107 8517-12
Besuchen Sie uns im Internet: **www.cadmos-hundepraxis.de**
e-mail: info@cadmos.de